Lara Emily Lekutat

# BESTNOTEN OHNE STRESS

Mit minimalem Aufwand zum 1,0-Abitur

Lara Emily Lekutat

# BESTNOTEN OHNE STRESS

Mit minimalem Aufwand zum 1,0-Abitur

YES

Originalausgabe
4. Auflage 2024

Türkenstraße 89, 80799 München
info@yes-publishing.de


Redaktion: Isabella Kortz, Pageturner Production GmbH
Umschlaggestaltung: Ivan Kurylenko (hortasar covers)
Coverfoto und Autorenfoto (S. 185): Harry Schnitger
Illustrationen: Aenea Westermann
Layout und Satz: Müjde Puzziferri, MP Medien, München
Druck: CPI books GmbH, Leck
Printed in the EU

ISBN Print 978-3-96905-295-2
ISBN E-Book (EPUB, Mobi) 978-3-96905-296-9
ISBN E-Book (PDF) 978-3-96905-297-6

# Inhalt

# Intro

Bunte, zerrissene Karteikarten, aufgeschlagene, dicke Bücher – darüber Berge von Blättern und der Rahmenlehrplan der 11. Klasse. Meine müden Augen wandern über den Mathestoff, bleiben immer an unwichtigen Stellen hängen, weil ich mich schon lange nicht mehr konzentrieren kann. »Wie soll ich das jemals schaffen?«, schießt es mir durch den Kopf. In diesem Augenblick scheint die ganze Welt auf meinen Schultern zu lasten.

Es war das erste Halbjahr der Oberstufe, die erste Klausurenphase, und damit standen auch die ersten wirklich entscheidenden Prüfungen in meiner Schullaufbahn zum Abitur an. In der Mittelstufe hatte ich nie viel Aufwand betreiben müssen, um gute Noten zu erzielen. Ich konnte gut auswendig lernen und der Stoff fiel mir leicht. Doch das Abitur stellte ich mir deutlich anspruchsvoller und komplexer vor. Ich saß vor riesigen Bergen an Zusammenfassungen und wusste gar nicht, wo ich anfangen sollte. Was war wichtig für die Prüfung? Wie konnte ich das in der kurzen Zeit in meinen Kopf bekommen?

Während dieser ersten Monate in der Oberstufe überkam mich immer wieder die Angst vor dem Scheitern. Was, wenn ich es nicht schaffe? Wenn ich den Erwartungen an mich selbst nicht gerecht werden kann? Wenn ich den Schnitt, den ich für meinen Traumstudiengang brauche, nicht erreiche?

Kennst du das auch, Zeiten, in denen eine Aufgabe so überwältigend erscheint, dass du gar nicht weißt, wo du beginnen sollst? Jeder von uns erlebt das sicherlich irgendwann im Leben.

Ich erinnere mich noch gut an den Moment, als ich vor meinem vollen Schreibtisch über meinem Mathebuch verzweifelte. Mein Leben als Schülerin hatte ich mir irgendwie anders vorgestellt. In meiner Idealvorstellung gab es deutlich mehr Bilder von lachenden Mitschülern, gemeinsamen Lerntreffen und weniger von einsamen Stunden im Zimmer mit dicken, langweiligen Mathebüchern. Dieses dröge Büffeln quälte mich. Ich wollte in deutlich weniger Zeit mehr hinkriegen und vor allem den Stoff schneller verstehen. Es musste einfach mehr möglich sein! Wenn ich nur eine Möglichkeit finden könnte, anders zu lernen. Weniger büffeln, mehr Freude. Und dann am Ende trotzdem bessere Ergebnisse, weil es mir leichtfallen würde.

An diesem Tag beschloss ich, mich nicht weiter zu quälen, sondern meine Art des Lernens maximal zu optimieren. Ich wollte wissen, wie viel zusätzliche freie Lebenszeit ich rausholen könnte, wie viel entspannter ich sein würde und was ich schulisch erreichen könnte, wenn ich das Geheimnis der richtigen Strategie knacken würde! Ich wollte das Lernen an sich verstehen.

Von da an wälzte ich Bücher zum Thema Lernen, recherchierte wie wild im Netz und beschäftigte mich jeden Tag damit, wie man mit geringem Aufwand bessere Noten schreibt. Am Ende fand ich sie: die richtigen Lernmethoden.

Mit dem Entschluss, eine sehr gute Schülerin zu sein, legte ich den Grundstein, es auch zu werden. Einfach so? Nein, sondern weil ich begann, mein Leben danach zu gestalten. Natürlich trat die Veränderung nicht sofort ein, sondern mit der Zeit. Meine Lernmethoden zahlten sich aus.

**Übrigens: Die Lernmethoden sind fächerübergreifend. Also egal, ob du gerade für Mathe oder Erdkunde paukst, probiere sie einfach alle aus. Du kannst sie so einsetzen und benutzen, wie du das brauchst!**

Mit jedem Tag, den ich in meiner neuen Rolle der sehr guten Schülerin lebte, wurde ich mehr zu der Person, die ich sein wollte. Mir wurde bewusst, dass wir zu dem werden, was wir über uns denken. Vorher hatte ich immer gedacht: »Das schaffe ich nie!« Diesen Glaubenssatz ersetzte ich durch: »Ab heute bin ich eine sehr gute Schülerin!« Damit formte ich meine Realität. Und das kannst du auch! Denn du bist nicht nur das, was andere über dich denken, wenn sie dich flüchtig sehen. Du bist vor allem das, was du selbst glaubst und wie du aufgrund dieser Überzeugungen handelst. Die Veränderung beginnt in deinem Kopf, wenn du deine eigenen Grenzen neu definierst, und erkennst, dass du fähig bist, weit mehr zu erreichen, als du je gedacht hast.

Zwei Jahre später bestand ich mein Abitur. Bei der Abiturfeier überreichte unser Schulleiter mir mein Zeugnis mit 860 Punkten, was einem mathematischen Durchschnitt von 0,8 entspricht, also sogar besser ist als 1,0 (das konnte ich natürlich nur ausrechnen, weil ich das dicke Mathebuch gelesen hatte). Aufgrund meiner Leistungen und meines Engagements wurde ich für verschiedene Stipendien vorgeschlagen. Ich erhielt das jahrgangsbeste Zeugnis.

Ich weiß, was du jetzt vielleicht denkst: »Wow, in diesen zwei Jahren ist sie so eine arrogante Streberin geworden?« Auch wenn ich Fleiß bewundere und das Wort »Streberin« längst als Kompliment betrachte, war ich tatsächlich nie eine Person, die stundenlang über mehrere Tage hinweg gelernt hat. Genauso wenig war ich diejenige, die den Lehrern die Tasche getragen hat, um gute Noten zu bekommen. Ich habe ein 1,0-Abitur mit schlauen Lernstrategien erreicht. Nicht mehr und nicht weniger. Und das noch dazu mit überschaubarem Aufwand. Einige Methoden habe ich live auf meinen Social-Media-Kanälen mit meinen Zuschauern geteilt und unglaublich viele Erfolgsgeschichten als Feedback erhalten.

Übrigens: Ich liebe Social Media. Wo haben wir sonst die Möglichkeit, mit so vielen Menschen in Kontakt zu treten und uns über gemeinsame Ideen auszutauschen? Und: Ich bin dankbar für alle Kommentare auf Insta, YouTube und Co. Sie zeigen mir immer wieder, dass wir alle im selben (Schul-)Boot sitzen und viele von meinen Zuschauern ähnliche Erfahrungen sammeln konnten.

Meine Verwandlung von der verzweifelten, überforderten Schülerin hin zur organisierten Einser-Kandidatin begann, als ich realisierte, dass ein 1,0-Abitur mehr ist als eine gute Abschlussnote. Es ist all das, was bereits vor der Note geschieht. Ein Ausdruck von Wissen, Entschlossenheit und der Fähigkeit, über die eigenen mentalen Grenzen hinauszuwachsen. Um dieses Ziel zu erreichen, müssen wir aber weder den ganzen Tag lernen noch alle Hobbys und Beziehungen aufgeben. Es reichen kleine, aber die richtigen Veränderungen.

Dieses Buch handelt nicht davon, wie großartig es ist, den Abschluss mit der bestmöglichen Note zu erzielen. Vielmehr geht es darum, seine Ziele so effizient wie möglich zu erreichen. Ich bin davon überzeugt, dass in jedem von uns ein Held oder eine Heldin schlummert, dessen bzw. deren Geschichte darauf wartet, erzählt zu werden. Das hier ist ein Teil meiner ganz persönlichen Geschichte. Wenn du derzeit unzufrieden mit deiner schulischen Leistung bist, hoffe ich, ein Spiegel für dich zu sein, um dir zu zeigen, was du wirklich erreichen kannst. Denn das hier kann auch deine Geschichte werden.

Video: Wenn du noch am Anfang der Oberstufe stehst und unsicher bist, was auf dich zukommt, welche Fächer du wählen solltest etc.
http://youtu.be/2Sb2xR9unv4

# Teil I

# Mindset

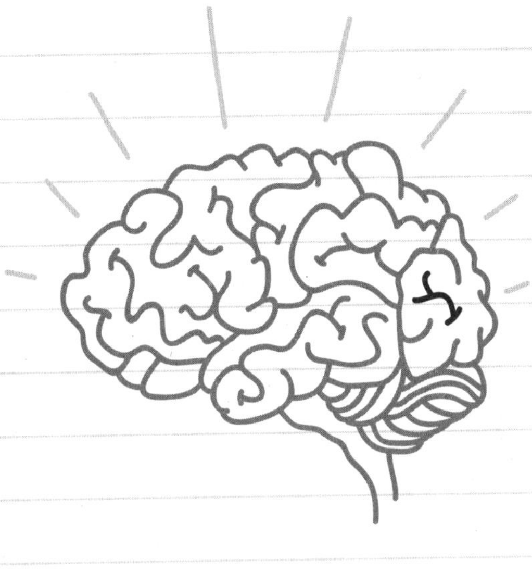

# Motivation ist eine Lüge

Du hockst auf der Couch und verschwendest Zeit auf Social Media. Dein Rucksack liegt da, vollgepackt mit Heften, und du denkst an all die Aufgaben, die du für die Schule erledigen solltest. Aber da sitzt du, und anstatt loszulegen, wartest du auf den Motivationsfunken. Du weißt schon, dieses Gefühl, das dich anspornt und dich dazu bringt, produktiv zu sein. Aber dieses Gefühl taucht einfach nicht auf. Du wartest und wartest und es passiert – gar nichts. Kommt dir das bekannt vor?

Genauso ging es mir auch. Ich war eine Meisterin des Aufschiebens, eine Königin der Prokrastination, sprich »Aufschieberitis«. Heute weiß ich, dass ich vergebens auf diese plötzliche Motivation wartete. Denn die Motivation kommt nicht einfach angeflogen und sagt: »Hey, lass uns loslegen!« Nein, sie ist schüchtern, schaut um die Ecke und wartet darauf, dass wir den ersten Schritt machen.

Blöderweise kam die Motivation immer genau dann, wenn ich mich nach langem Prokrastinieren schließlich aufgerafft hatte. Ich hatte die erste Aufgabe erledigt, fühlte mich gut, weil ich sie endlich angegangen war und, zack!, da war sie: die Motivation.

Motivation ist wie diese schüchterne Person auf der Party, die erst auftaut, wenn die Tanzfläche bereits voll ist. Sie sagt: »Oh, ihr habt so viel Spaß, da will ich auch dabei sein!«

Der wahre Motivations-Geheimtrick? Du musst den ersten Schritt machen. Sobald du die erste Aufgabe erledigt hast, sobald du einen kleinen Erfolg feierst, kommt die Motivation angetanzt, als wäre es Freitagabend.

Das Belohnungssystem in unserem Gehirn, speziell das Dopaminsystem, spielt eine zentrale Rolle beim Lernen. Wenn wir eine Aufgabe erfüllen oder ein Ziel erreichen, setzt das Gehirn den Botenstoff Dopamin frei, der auch Glückshormon genannt wird, weil er ein Gefühl der Belohnung und Zufriedenheit erzeugt. Dieses Belohnungssignal verstärkt die Motivation, ähnliche Aufgaben erneut auszuführen, da wir das positive Gefühl wieder erleben möchten.

**Was ich immer über Motivation geglaubt hatte, war eine Lüge! Ich dachte, die Motivation tauche automatisch irgendwann auf und dann würde ich loslegen mit meinen Aufgaben. In Wahrheit ist der Motivationszyklus genau umgekehrt: Wir tun etwas, spüren dann den Dopamin-Kick des ersten Erfolgs und sind motiviert, weiterzumachen.**

Wie du diese Erkenntnis konkret für dich nutzen kannst, besprechen wir in diesem Kapitel. Es geht darum, wie du mit kleinen Tricks damit aufhören kannst, Dinge aufzuschieben, und endlich ohne Stress Bestnoten schreibst. Am Ende wirst du sogar Spaß daran haben, mit dem Lernen zu beginnen!

Video: Wichtige Mindset-Gedanken für die Schule

https://youtu.be/HmPsK3TTX1Q

## Ein Fall von chronischer »Aufschieberitis«

Warum schieben wir Dinge auf? Warum quälen wir uns mit dem Gedanken ans Anfangen? Wenn es um die Schule und das Lernen geht, können wir uns nicht einfach mit »keine Lust« herausreden, schließlich kommen wir um die Aufgaben nicht herum und müssen sie sowieso irgendwann erledigen. Meine Vermutung ist, dass Angst oft der Übeltäter ist. Die Sorge, den eigenen Ansprüchen nicht gerecht zu werden, kann abschreckend sein. Nach dem Motto: »Ich habe Angst, zu versagen. Daher fange ich gar nicht erst an. Denn wenn ich nicht anfange, kann ich auch nicht versagen.« Perfektionismus kann ein ziemlicher Blocker sein, aber ich habe einen Trick dagegen:

**Fang die Riesenaufgabe einfach mit einem Mini-Schritt an!**

Der Glaubenssatz »Ich bin nicht gut genug« lässt sich ganz einfach entkräften. In den meisten Fällen wird der erste Entwurf einer Seminararbeit oder eines Aufsatzes nicht perfekt sein. Aber es ist viel besser, einen schrecklichen ersten Entwurf zu haben als gar nichts. Einen ersten Entwurf kannst du überarbeiten. Ein leeres Blatt nicht.

Wenn ich mich dabei erwische, wie ich vor einer Aufgabe zurückschrecke, versuche ich, mein Gehirn auszutricksen und den Motivationszyklus für mich zu nutzen. Ich sage mir: **»Okay, ich lese einfach nur die Aufgabenstellung.«** Dann setze ich mich hin, lege alle nötigen Materialien bereit und werfe einen Blick auf die Aufgabenstellung. Tja, und was soll ich sagen? Oft bekomme ich plötzlich Lust, weiterzumachen. Erste Ideen haben sich in meinem Kopf geformt. Und die Tatsache, dass ich bereits angefangen habe, gibt mir einen kleinen Schub an Moti-

vation. Ich meine, warum nicht weitermachen, wenn ich schon dabei bin. Es ist, als hätte ich mir selbst einen kleinen Energieschub verschafft.
Versuch das auch mal! Sag dir einfach, du wirst **nur 10 Minuten lernen** und danach aufhören, wenn du das willst. In den allermeisten Fällen wirst du weitermachen, weil du bereits das Erfolgserlebnis und dadurch Motivation bekommen hast.

---

### Laras Übung: die 10-Minuten-Challenge

Es ist ganz einfach: Nimm dir vor, du lernst nur für 10 Minuten! Dann hol alle deine Materialien raus und beginne.

Mal sehen, ob du nach den ersten 10 Minuten wirklich schon aufhören willst ...

---

Hier ist noch ein weiterer Trick, um morgens voller Energie in den Tag zu starten. Ich beginne mit einer Aufgabe, die klein, aber unausweichlich ist. Beispielsweise schreibe ich meine To-do-Liste für den Tag oder räume meinen Schreibtisch auf. Diese kleinen Aufgaben sind leicht zu bewältigen und das gute Gefühl, etwas erledigt zu haben, bringt Schwung zum Tagesstart. Es ist wie ein kleiner Erfolgsschub, der die Motivation für den Rest des Tages antreibt.

### Meine 3 besten Tricks gegen Aufschieberitis

1. Erst mal nur die Aufgabenstellung lesen.
2. Nur für 10 Minuten lernen.
3. To-do-Liste für den Tag schreiben oder Schreibtisch aufräumen.

## Mein Spirit Animal ist mein innerer Schweinehund

Warum erscheinen die langweiligsten Dinge auf der Welt plötzlich unglaublich spannend, wenn wir eigentlich lernen sollten? Sobald ich mich an meinen Schreibtisch setze, um ernsthaft zu lernen, fällt mir auf, wie ungeordnet er ist. Die Stifte sollten perfekt ausgerichtet sein, oder? Ach ja, da ist noch diese eine Sache: Oma sollte ich wirklich mal wieder anrufen und mein Kleiderschrank schreit förmlich nach einer Aufräumaktion.

Ablenkungen sind der Erzfeind beim Lernen. Und das ist nicht nur zu Beginn einer Lernsession so, sondern während des gesamten Prozesses. Wir müssen irgendwie sicherstellen, dass wir während des Lernens konzentriert bleiben und nicht einfach abgelenkt und dazu verführt werden können, uns stattdessen mit anderen Dingen zu beschäftigen.
Ich persönlich habe mir angewöhnt, mein Handy auszuschalten, wenn ich mich ans Lernen mache. Sogar auf meinem Laptop habe ich alle Benachrichtigungen deaktiviert. Zusätzlich sperre

ich bestimmte Websites und versuche, mich wirklich nur auf den Lernstoff zu konzentrieren.

Multitasking ist oft ein Trugschluss. Statt zwei Aufgaben gleichzeitig zu erledigen, ertappen wir uns am Ende dabei, dass wir weder das eine noch das andere ordentlich erledigt haben. Es ist so einfach, sich ablenken zu lassen!

Wie oft bist du schon in die Falle des Multitaskings getappt? Mir ist das auch schon passiert. Ich habe versucht, meine Hausaufgaben vor dem Fernseher zu erledigen oder gleichzeitig mit einer Freundin zu chatten, während ich lerne. Dabei ist es viel effektiver, sich auf eine einzige Aufgabe zu konzentrieren, sie abzuhaken und sich dann der nächsten zu widmen. Also, beide Aufgaben nacheinander, aber mit vollem Fokus.

### Laras Tipp

Nimm deine Sachen und mach dich auf den Weg in die Bibliothek oder ein gemütliches Café. Wenn du erst einmal dort angekommen bist und dich eingerichtet hast, willst du nicht schon nach 20 Minuten wieder nach Hause. Du baust dir sozusagen eine größere Fallhöhe, die dich motiviert, dranzubleiben. Du schaffst das! Die Bibliothek ist auch deswegen optimal, weil sie gleich diese »Ich bin im Lernmodus«-Vibes mit sich bringt.

## Erst das Vergnügen, dann die Arbeit

Warum können wir stundenlang im Internet oder in Computerspielen versinken? Ausgedehntes Scrollen auf Instagram, TikTok oder anderen Social-Media-Plattformen mit ihrem endlosen Flow an Content kann uns total aus dem Konzept bringen und sehr stark ablenken!

Jugendliche im Alter von 12 bis 19 Jahren in Deutschland verbrachten laut dem Statistikportal Statista im Jahr 2023 durchschnittlich rund 224 Minuten am Tag im Internet. Das sind fast 4 Stunden.

Je länger wir im Netz und auf diversen Plattformen abhängen, desto weniger Lust haben wir in der Regel auf unsere eigenen Aufgaben. Warum? Die Antwort ist simpel: sofortiges Feedback, was uns einen Dopamin-Kick bringt. Die vielen interessanten Inhalte, die auf unser Nutzerverhalten abgestimmt sind, erhöhen die Dopamin-Freisetzung in unserem Gehirn und unser Belohnungssystem bleibt konstant aktiviert. Diese Apps sind so gestaltet, dass sie süchtig machen. Der Dopamin-Kick schenkt uns immer wieder Motivation. Wir erleben ein Gefühl der Befriedigung und Freude, von dem wir mehr wollen, was eben zu einer Art Suchtverhalten führen kann. Deshalb ist es so schwierig, das Handy wieder wegzulegen. Wenn wir sofort Feedback bekommen und uns augenblicklich angeregt oder glücklich fühlen, ziehen wir das vor, anstatt auf eine Belohnung zu warten, die erst später eintritt.

Video: So kannst du weniger Zeit am Handy verbringen
https://youtu.be/DM5df7VPIDc

Wir Menschen haben die Tendenz, uns für sofortige Befriedigung oder Vergnügen zu entscheiden, auch wenn es langfristig möglicherweise nicht die beste Wahl ist. Wenn wir lernen, haben wir oft nicht das große Ziel im Kopf, sondern denken nur daran, wie schwer es in diesem Moment ist.

Das ist so, als würdest du stets lieber Schokolade knabbern, anstatt gesundes Gemüse zu essen – auch wenn Gemüse auf lange Sicht deutlich besser für dich ist.

Aber weißt du was? Du kannst diese Erkenntnis für deine Lernstrategie nutzen. Teile große Aufgaben in kleinere Happen auf. Anstatt »Seminararbeit schreiben« steht auf deiner Liste besser:

- Quellen recherchieren
- Quellen sortieren und auswerten
- Gliederung entwerfen
- ... und so weiter

Diese Mini-Ziele sind leichter zu bewältigen. Sobald du eines davon abhaken kannst, spürst du den Stolz und die Motivation. Ich nehme mir nicht vor, »Mathe zu lernen«. Ich nehme mir vor, die Aufgaben drei und vier auf Seite 50 aus dem Mathebuch zu erledigen. So sind die Aufgaben viel greifbarer, und wenn ich sie erledigt habe, fühle ich mich gut und habe Lust, weiterzumachen.

Wir können aber auch anders Anreize zum Lernen setzen. Zum

Beispiel, indem wir uns negative Konsequenzen für das Nichtstun ausdenken. Du kannst dir einen Gewohnheitstracker (siehe Bild nächste Seite) in dein Hausaufgabenheft oder Journal aufmalen. Immer, wenn du eine Aufgabe nicht erledigt hast, darfst du an diesem Tag kein Kästchen ankreuzen und dein Ziel ist es, die Kästchen-Kette möglichst lange nicht zu brechen. Wie in einem Computerspiel. Du kannst aber auch einen Schritt weiter gehen und dir einen Accountability-Partner suchen, also eine Art Lern-Kumpel (Study Buddy). Ihr setzt gemeinsame Lernziele, tauscht euch darüber aus und motiviert euch gegenseitig. Wenn du mal die Motivation verlierst, ist dein Partner da, um dich anzuspornen. Gemeinsam rockt ihr den Schulalltag!
Hier konkret: Wenn sich einer nicht an seinen Plan gehalten hat, muss er dem anderen ein Eis oder etwas anderes ausgeben.

# HABIT TRACKER

| | 1 | 2 | 3 | 4 | 5 | 6 | 7 | 8 | 9 | 10 | 11 | 12 | 13 | 14 | 15 | 16 | 17 | 18 | 19 | 20 | 21 | 22 | 23 | 24 | 25 | 26 | 28 | 29 | 30 | 31 |
|---|---|---|---|---|---|---|---|---|---|---|---|---|---|---|---|---|---|---|---|---|---|---|---|---|---|---|---|---|---|---|
| Um 8 Uhr aufstehen | X | X | X | | X | X | X | X | X | | X | X | | | | | | | | | | | | | | | | | | |
| Schreiben | X | | X | | X | | X | | X | | X | X | | | | | | | | | | | | | | | | | | |
| Selbst kochen | | X | | X | X | | X | X | | X | X | X | | | | | | | | | | | | | | | | | | |
| Veggie-Tag | X | | | | | | | | | | | | | | | | | | | | | | | | | | | | | |
| Mind. 2 l Wasser | X | X | | X | X | X | | X | | X | X | | X | | | | | | | | | | | | | | | | | |
| Keine Süßigkeiten | X | | X | | X | X | | X | X | X | X | | X | | | | | | | | | | | | | | | | | |
| Aufräumen/saugen | | | X | X | | | | X | | X | X | | X | | | | | | | | | | | | | | | | | |
| Wäsche waschen | X | | | | | X | X | X | | X | | X | X | | | | | | | | | | | | | | | | | |
| Joggen | X | | | | | X | | | | | | X | | | | | | | | | | | | | | | | | | |
| Vor 22:30 im Bett | X | | X | X | | X | | X | | X | X | | X | | | | | | | | | | | | | | | | | |

## Denke groß, erreiche Größeres

Na, wie oft hast du in der Schule schon dieses altbekannte »Ich hab echt keinen Bock heute« von deinen Mitschülern gehört oder sogar selbst gedacht? Mal ehrlich, wer von uns hat nicht hin und wieder gedacht: »Ich hasse Schule!«?

Die negativen Gedanken müssen nicht mal so drastisch sein – oft habe ich mich auch einfach gefragt, wie ich dem ganzen Druck standhalten soll, und war deswegen schlecht gelaunt.

Hier kommt die gute Nachricht: **Gedanken sind keine Fakten. Nur, weil du denkst, dass du etwas nicht schaffst oder kannst, heißt das nicht, dass es stimmt. Nicht alles, was du denkst, musst du auch glauben.**

Die Herausforderung ist bloß: Du wirst nach deinen Glaubenssätzen handeln. Deine Handlungen folgen deinen Überzeugungen. Wenn du dir ständig sagst, dass du etwas nicht schaffst, wirst du wahrscheinlich nicht einmal den Versuch unternehmen, es zu tun. Das ergibt für dein Gehirn einfach keinen Sinn. Ich kenne viele Schüler, die fest davon überzeugt sind, dass sie immer schlechte Noten bekommen werden, egal wie viel sie lernen. Mit einer solchen Einstellung, wer hätte da Lust, zu lernen? Genau: niemand!

Aber: Wir haben die Macht, unsere Überzeugungen zu ändern. Natürlich haben wir uns die Glaubenssätze nicht bewusst ausgesucht, trotzdem versuchen wir unterbewusst immer, sie zu bestätigen. Es ist Zeit für eine kleine geistige Revolution. Ja, Gedanken sind mächtig, aber wir sind die Schöpfer dieser Gedanken. Wir können die Kontrolle übernehmen und die Art und Weise, wie wir über die Schule denken, neu gestalten.

Mir hat es immer geholfen, daran zu denken, dass ich sowieso in die Schule gehen muss. Also kann ich auch gleich zuhören und aufpassen – ich muss schließlich auf jeden Fall meine Zeit dort absitzen und am Ende die Klausur schreiben.

Wenn du dich auf die negativen Sachen konzentrierst, wirst du schlechte Laune haben und dich, auch schulisch, nicht verbessern. Wenn du aber versuchst, dich auf die positiven Sachen zu konzentrieren, kannst du daran wachsen. Es hilft, die Schule nicht nur als eine Pflicht, sondern als eine Chance zu sehen. Eine Gelegenheit, dich selbst herauszufordern und deine Grenzen zu erweitern.

Mir ist es wichtig zu betonen, dass das natürlich nicht immer der Fall sein kann. Auch ich war nicht immer positiv gestimmt. Manchmal sind Dinge einfach wirklich blöd, Lehrer bewerten unfair, der Unterricht ist nicht gut aufbereitet oder die Themen sind uninteressant. Aber ich bin überzeugt davon, dass mir mein optimistisches Mindset viele Türen zum 1,0-Abitur geöffnet hat.

Ja, es gibt diese Tage, an denen du einfach keine Lust hast und sich alles zu schwer anfühlt. Lass dich nicht von diesen Momenten beherrschen. Du bist stärker, als du denkst, und du hast jederzeit die Wahl, deine Gedanken und Einstellungen zu ändern.

**Nur weil gestern ein blöder Tag war, muss heute kein blöder Tag sein.**

### Laras Tipp

Du musst nicht sofort ALLES ändern! Kleine Schritte in die richtige Richtung können einen großen Unterschied machen. Probiere es mal aus, deine Gedanken zu beobachten und kritisch zu hinterfragen. Lass auf dich wirken, wie es sich anfühlt, wenn du die Schule mit anderen Augen betrachtest. Vielleicht ist das Lernen ja doch gar nicht so blöd. Du könntest überrascht werden, was du alles erreichen kannst.

## Wer willst du morgen sein?

Vielleicht kennst du dieses Szenario: Du wünschst dir unbedingt dieses eine Paar Schuhe. Sobald dieser Wunsch in deinem Hirn auftaucht, siehst du diese Schuhe plötzlich überall! Jeder scheint sie zu haben. Das liegt daran, dass wir Menschen einen selektiven Fokus, also eine eingeschränkte Wahrnehmung, haben und dazu neigen, Dinge zu bemerken, die unsere bestehenden Überzeugungen bestätigen. **Der selektive Fokus ist wie ein Filter in unserem Kopf. Wir tendieren dazu, besonders auf Dinge zu achten, die unsere eigenen Gedanken und Meinungen bestätigen. Wir nehmen mehr von dem wahr, was zu unseren eigenen Ideen passt. Es ist wie eine eingebaute Bestätigungsverzerrung.** Wenn du also tief in dir drin glaubst, dass du ein hoffnungsloser Schüler bist, wirst du ständig Beweise für diese Überzeugung finden. Aber hier kommt die gute Nachricht: Du kannst diesen Teufelskreis durchbrechen, indem du dich aktiv mit deinen Überzeugungen auseinandersetzt. Ja, es ist einfacher gesagt als getan, das verstehe ich nur allzu gut. Schließlich habe ich diese Gedankenachterbahn selbst erlebt.

Mir ist aufgefallen, dass die wichtigsten Versprechen, die ich in meinem Leben abgebe, jene an mich selbst sind. Wenn ich mir vornehme, um 15:00 Uhr mit dem Lernen zu beginnen, und es dann nicht tue, verliere ich das Vertrauen in mich selbst. Und das ist wirklich frustrierend. Ich meine, wer möchte schon eine Person sein, der man nicht vertrauen kann, wenn sie sich etwas vornimmt? Wenn ich mich also frage, was ich glauben möchte und wer ich morgen sein möchte, ist meine Antwort: eine Person, der ich vertrauen kann! Eine Person, die durchzieht, was sie sich vornimmt.

Wie schon im vorherigen Kapitel angesprochen, haben unsere Gedanken erheblichen Einfluss auf unsere Taten. Als ich meine Einstellung zum Lernen zu verändern begann, fragte ich mich nicht nur in vielen Situationen, was eine gute Schülerin tun würde. Ich begann auch, mich zu fragen, was so jemand fühlen und denken würde. Ich übernahm einfach die Denkmuster und Verhaltensweisen der vorbildlichen Schülerin, die ich mir vorgestellt hatte, und voilà, ich wurde zu dieser Person!

Probiere doch Folgendes aus: Such dir eine bestimmte Person aus, die für dich als Vorbild dienen kann. Das kann ein Mitschüler sein, ein Charakter aus einem Buch oder Film, vielleicht sogar ich oder eine besonders erfolgreiche erwachsene Person aus deinem eigenen Umfeld. Frag dich immer wieder: »Wie würde diese Person in dieser Situation handeln und denken?«

Sag zu dir selbst: »Ich handle *auch* so.« Und dann handelst du so.

Mein persönliches Vorbild ist Rory Gilmore, die fiktive Hauptfigur der Kultserie *Gilmore Girls*. Rory ist das perfekte Beispiel für das hoch motivierte akademische Idol. Ihr Charakter verkörpert Bildungshunger und den unersättlichen Wunsch nach schulischem Erfolg.
Und ich muss zugeben, auch ich habe meine Momente, in denen ich nach Rory Gilmore strebe. Manchmal gönne ich mir eine Folge *Gilmore Girls* oder ich lasse einfach die erhebende Titelmusik im Hintergrund laufen, um mich zu motivieren.

Eine meiner Freundinnen hat einmal eine ziemliche Motivationsflaute durchgemacht. Nichts schien sie auf die Beine zu stellen, und das war wirklich beunruhigend. Als sie dann *Gilmore Girls* gesehen hatte, hat sie unterbewusst Verhaltensmuster von Rory übernommen!
Aus ihr sprudelte die Motivation nur so heraus und ihre Antriebslosigkeit verflog. Rory hatte es tatsächlich geschafft, meine Freundin von der Couch zu den Büchern zu befördern.
Diese Geschichte zeigt, dass wir in der medialen Welt tatsächlich unsere eigenen Heldinnen und Helden finden können – selbst in der Welt der Fiktion. Wichtig ist nur, dass es nicht bei dieser Parallelwelt bleibt, sondern wir die Inspiration im echten Leben aktiv nutzen! Also habe ich jetzt eine Aufgabe für dich: Warum stöberst du nicht ein bisschen nach deinem ganz eigenen Vorbild, von dem du dich motivieren lassen kannst? Das kann durch Bücher, Serien, Filme, Social Media sein oder vielleicht sind es auch Personen aus deiner Familie oder deinem Freundeskreis. Halt die Augen offen!

## Du musst nicht 100 Prozent geben

Wir verbringen eine erhebliche Menge unserer Zeit damit, uns mit anderen zu vergleichen und uns selbst kritisch zu beurteilen. Und oft schneiden wir in unseren Augen dann schlechter ab als andere, was uns ganz schön belasten kann. Genau deshalb, weil wir uns selbst »fertigmachen« und minderwertig fühlen, ist es oft so schwer, Feedback und Kritik anzunehmen. Wir fühlen uns sofort abgelehnt, nicht gut genug ... Wenn du eine rote Schrift auf der Klausur siehst, macht dich das bestimmt auch eher traurig oder wütend. Stell dir vor, eine Klausur würde zusätzlich zu den roten Anmerkungen auch grüne Punkte haben, die hervorheben, was bereits gut umgesetzt wurde. Wow!

Letzten Winter habe ich einem Freund bei seinem Geschichtsvortrag über das Römische Reich geholfen. Er wollte mir seine Präsentation einmal halten und ich sollte Feedback geben. Während er mit Begeisterung über Rom sprach und dabei geschickt Parallelen zum heutigen Recht zog, konnte ich nicht anders, als von seiner inhaltlichen Tiefe und seinen rhetorischen Fähigkeiten beeindruckt zu sein. »Das wird safe eine 1!«, dachte ich mir. Doch als ich am Ende applaudierte, schien er wenig erfreut. Verwirrt schaute er mich an. Warum? Weil er sich, anstatt sich über das positive Feedback zu freuen, nur auf die kleinen Fehler in seiner Präsentation konzentrierte und deswegen mit seiner Leistung nicht zufrieden war. Beispielsweise hatte er sich einmal bei einer Jahreszahl verhaspelt. Ein Paradebeispiel für den selektiven Fokus in Aktion. Es ist wichtig, auch die positiven Dinge und nicht nur die Fehler zu betrachten. Trau dich, andere aktiv um Feedback zu bitten, und nimm es dann auch an. Das hilft dir

nicht nur in der Schule weiter, sondern auch später im Leben und im Beruf.
Es gibt diese eine Freundin von mir, die mich regelmäßig nach Ratschlägen fragt. Aber wenn ich dann mit Tipps komme, zuckt sie nur gleichgültig mit den Schultern. Als wäre mein Rat ein Buch, das sie doch nicht lesen will. Ihre gleichgültige Einstellung und ihre Beratungsresistenz lassen keine Verbesserungsvorschläge zu.
Selbstzweifel sind ein universeller Struggle, oder? Egal, ob es darum geht, kein Feedback anzunehmen oder sich selbst in einen Strudel negativer Selbstkritik zu ziehen. Es ist schwer, unsere Stärken und unsere Größe, aber auch unsere Schwächen anzuerkennen.
Wer von uns hat nicht schon einmal gehört: »Es sollte dir egal sein, was andere über dich denken!« Dieser Ratschlag ist zwar gut gemeint, aber ich habe das so nie hingekriegt und sehe daher diese Aussage auch eher kritisch.

Hier liegt der Knackpunkt: Ich glaube **nicht**, dass es uns egal sein sollte, was andere über uns denken. Und ich glaube auch nicht, dass wir aufhören sollten, uns selbst zu beurteilen. Ich denke, wir sollten einfach lernen, uns besser zu beurteilen. Ich bin fest davon überzeugt, dass Selbstreflexion und Veränderung keine Feinde, sondern unsere Verbündeten sein sollten.
Lass uns beispielsweise in die Situation nach einem Klassenvortrag eintauchen. Der Lehrer bittet um ehrliches Feedback und eine gute Freundin von dir hat gerade ihren Vortrag gehalten. Aus Angst, eure Freundschaft zu gefährden, zögerst du, konstruktive Kritik zu äußern. Du kennst das, oder? Doch deine Angst,

dass deine Freundin deine Meinung nicht vertragen könnte, und dein Schweigen hindern sie daran, sich weiterzuentwickeln. Es ist an der Zeit zu lernen, bereitwillig Feedback anzunehmen und die eigenen Urteilsfähigkeiten zu verfeinern. (Kleiner Tipp: Du kannst das auch einfach unter vier Augen nach der Stunde machen, dann hören es nicht alle.) Wir werden niemals alles wissen und können. Es ist sehr unwahrscheinlich, dass jemand in allen Bereichen und allen Fächern begabt ist und es ihm superleicht fällt, gute Noten zu erreichen. Obwohl ich ein 0,8-Abitur geschafft habe, hatte auch ich nicht überall eine 1+. Im Sport war ich eine Niete und in Bio haben mir zum Glück einige Gruppenarbeiten die Note gerettet.

Ich habe mal gehört: **Perfektionismus ist Angst in *fancy shoes*!** Die Botschaft lautet also:

1. Wir sollten nicht arrogant oder gleichgültig gegenüber den Meinungen anderer sein.
2. Die Wahrnehmungen anderer sollten wir allerdings ebenso wenig zum Nonplusultra machen und uns nur daran messen.

**Stattdessen geht es darum, klug auszuwählen, welchen Meinungen und Bewertungen du Beachtung schenkst.** Wie du dich selbst reflektierst und dich entwickeln möchtest. In diesem Kapitel lernst du, wie du deine Zeit und Energie auf die Dinge lenken kannst, die wirklich zählen. Denn hier liegt der Schlüssel zur kontinuierlichen Verbesserung und persönlichen Entwicklung.
Oh, lass mich dir von einem Moment in der Schule erzählen! Da war dieses eine Mal, als ich einen Vortrag über Evolutions-

theorien hielt. Ich habe wirklich alles gegeben und mein Lehrer schien auch ziemlich beeindruckt zu sein. Dann kam der Augenblick der Wahrheit – das Feedback der Klasse.

Eine Mitschülerin meldete sich mit kritischem Blick. Sie stellte mehrere missbilligende Rückfragen und schloss ihren langen Redebeitrag mit dem Satz ab: »Also ja, deine Präsentation war echt nicht gut.« Autsch! Das traf mich wie ein Schlag in die Magengrube. Traurig und frustriert suchte ich nach der Stunde Trost bei meinem Kumpel in der Klasse. Er flüsterte mir zu: »Hey, du weißt schon, Evolutionstheorien sind ihr absolutes Lieblingsthema in Bio? Darüber hat sie ihre Facharbeit geschrieben.« Moment mal, was? Offenbar war ihr gemeines Feedback nicht mehr als ein raffinierter Schachzug, weil ihr das Thema so gut lag. Ich erinnerte mich daran, dass sie sich bei der Verteilung der Themen auch zuerst gemeldet hatte, ich dann aber schlussendlich das Thema bekam.

Das war der Moment, in dem mir klar wurde, dass nicht jedes Feedback hilfreich ist und dass ich genau darauf achten muss, wer es mir wie gibt – ebenso, wie ich selbst jemandem Rückmeldung gebe.

PS: Die gute Note für den Vortrag habe ich trotzdem bekommen.

### Einige Dinge, die ich beim Feedbackgeben zu beachten versuche

**Klarheit:** Feedback sollte immer klar und verständlich formuliert sein. Der Empfänger sollte genau verstehen können, welche Aspekte seiner Leistung angesprochen werden.

**Konstruktivität:** Gutes Feedback bietet nicht nur Kritik, sondern auch konkrete Vorschläge zur Verbesserung. Sprich in einer aufbauenden und motivierenden Art mit deinen Mitschülern!

**Spezifität:** Statt allgemeiner Aussagen sollte das Feedback auf spezifische Details eingehen. Das hilft deinem Mitschüler zu verstehen, was gut war oder verbessert werden kann. Also nicht: »Dein Vortrag war blöd«, sondern: »Beim nächsten Mal kannst du noch mehr auf deine Gliederung eingehen.«

**Positives Feedback:** Neben konstruktiver Kritik ist es wichtig, auch positive Aspekte der Leistung anzuerkennen. Dies stärkt das Selbstbewusstsein und die Motivation deiner Mitschüler.

**Feedback als Dialog:** Erlaube deinen Mitschülern, Rückfragen zu stellen oder deinen Kritikpunkt zu hinterfragen!

**Zeitpunkt:** Ein zeitnahes Feedback ist effektiver, da deine Mitschüler die Informationen sofort nutzen können. Später wirkt es eventuell wie eine blöde Anmerkung, und wenn es im Kontext der Leistung passiert, ist es klar, dass sich dein Feedback wirklich nur darauf bezieht.

Sicher möchtest du auch gerne wissen, wie du Feedback zu einer Leistung einholst, prüfst und damit umgehst.

### Das hilft mir, Feedback anzunehmen

**Offenheit zeigen:** Geh mit einer offenen Einstellung an das Feedback heran. Denk daran, dass es dazu dient, deine Fähigkeiten zu verbessern, nicht dich persönlich zu kritisieren!

**Aktives Zuhören:** Nimm dir Zeit, das Feedback aufmerksam anzuhören. Verstehst du (akustisch sowie inhaltlich), was die Person sagt und meint?

**Nicht persönlich nehmen:** Versuch, das Feedback nicht persönlich zu nehmen. Es geht um deine Leistung, nicht um deine Persönlichkeit. Trenn dich gedanklich von deinem Werk oder deiner Leistung, um konstruktiver mit dem Feedback umgehen zu können!

**Frag nach konkreten Beispielen:** Wenn das Feedback vage ist, bitte um konkrete Beispiele, um besser nachvollziehen zu können, was gemeint ist. So kannst du gezielter an Verbesserungen arbeiten.

**Selbstreflexion:** Nutze das Feedback später als Gelegenheit zur Selbstreflexion. Frag dich, ob du die genannten Punkte nachvollziehen kannst und wie du dich verbessern könntest.

**Feedback von verschiedenen Personen einholen:** Je mehr verschiedene Perspektiven du einholen kannst, desto umfassender wirst du die Kritik verstehen können. So kannst du auch Muster oder gemeinsame Themen im Feedback identifizieren.

## In einer toxischen Beziehung mit Academic Validation

Neben meinem Bett hängt ein Bild mit der Aufschrift *»Always do your best«*. Gib immer dein Bestes. Das mag für manche wie ein kitschiger Spruch im Whatsapp-Status klingen, aber für mich ist es das Resultat einer langen und manchmal beschwerlichen Reise. Doch was bedeutet es wirklich, immer sein Bestes zu geben?

Bedeutet es, dass wir endlose To-do-Listen schreiben sollten, gefüllt mit Dingen, die unser Leben verbessern könnten? Tag für Tag von morgens bis abends lernen, während wir uns von Freunden und Hobbys verabschieden? All das nur, um letztendlich eine perfekte Note zu erzielen? Um dann am Ende stolz sagen zu können, wir hätten immer unser Bestes gegeben? Nein, definitiv nicht.

»Academic Validation« ist ein Trendbegriff, der oft auf TikTok romantisiert wird. Es bedeutet, dass du deinen Selbstwert mit deinen schulischen Leistungen und Noten gleichsetzt. Sprich, schlechte Note: Du fühlst dich wie ein Vollpfosten. Das ist genau das, was ich viele Jahre gemacht habe, und deshalb finde ich den Begriff mittlerweile gar nicht mehr so romantisch.

Ich habe Noten nicht als das gesehen, was sie sind. Eine Momentaufnahme. Das Problem ist, wir denken, diese eine schlechte Note ist für immer in Stein gemeißelt, und identifizieren uns nur damit. Aber eine Note ist eine Summe aus vielen einzelnen

Parametern. Wie gut hast du an dem Tag geschlafen? Hattest du am Morgen vor der Klausur Stress, weil dein Bus ausgefallen ist? Musstest du dich um einen Streit mit einer Freundin kümmern und hattest deswegen weniger Zeit zum Lernen? Noten stellen lediglich eine Zusammenfassung vieler Einflussfaktoren dar, von denen einige sogar recht subjektiv sein können. In meinem damaligen Ehrgeiz hatte ich nicht bedacht, dass jeder mal einen schlechten Tag hat oder sich mit einem Fach nicht wohlfühlt. Ich identifizierte mich damals so sehr mit meinen Noten, dass eine schlechte Bewertung nicht nur eine Enttäuschung für mich war, die ich schnell überwand, sondern ich stellte meine ganze Identität infrage.

**Doch das Gute ist: Wie wir über eine Situation denken und fühlen, ist nicht die Realität selbst. Emotionen sind bloße Reaktionen auf Geschehnisse und keine unumstößlichen Wahrheiten. Ein Moment ist nicht repräsentativ für ein Leben. Und eine Note ist niemals repräsentativ für deinen Wert. Noch nicht mal für deine Intelligenz.**

Für mich ist das immer noch schwierig zu akzeptieren. Aber ich versuche, jetzt immer mein Bestes zu geben. Nicht mein Bestes, um auf Krampf diese eine Note zu erreichen. Mein Bestes, um ein glückliches, ausgeglichenes Leben zu leben. Manchmal ist mein Bestes 90 Prozent und manchmal ist es 30 Prozent. Aber am Ende des Tages weiß ich immer, dass ich mein Bestes gegeben habe und das nicht immer 100 Prozent ist. Du musst nicht immer 100 Prozent geben. Denn das wird dich letztendlich daran hindern, Bestnoten zu erreichen, weil du dich viel zu sehr unter Druck setzt und »ausbrennst«. Schließlich geht es ja darum, langfristig glücklich, gesund und erfolgreich zu sein und auch zu bleiben. Dafür brauchst du Routinen, die du auch wirklich auf Dauer durchhalten und beibehalten kannst. Außerdem werden wir an der Effizienz deiner Lernstrategien arbeiten, sodass dir mehr Zeit für andere Dinge und zur Erholung bleibt. Aber dazu später mehr.

## Ein guter Tag, um auszuschlafen

Du wirst es vielleicht nicht glauben, aber ja, es ist tatsächlich auch für einen Schüler mit Bestnoten okay, auszuschlafen. Schlaf kann dein Verbündeter sein und ist nicht der Feind des Lernens. Im Gegenteil! Und hier kommt das Beste: Du musst nicht zwangsläufig ein Morgenmensch sein, um gute Noten zu erzielen, auch wenn die sozialen Medien »5-Uhr-Morgen-Routinen« total hypen. Du bist eine Nachteule? Auch gut. Das Wichtigste ist, deinen eigenen Rhythmus zu finden.

### Nachteule, Morgenmuffel oder früher Vogel?

Zum Beispiel bin ich ein Morgenmensch durch und durch. Für mich ist der frühe Vogel das Maß aller Dinge. Wenn ich aufstehe, habe ich die meiste Kapazität, um neue Informationen aufzunehmen, und fühle mich motiviert. Aber ich habe Freunde, die totale Morgenmuffel sind und eher abends zu wahrer Hochform auflaufen. Sie sind Nachteulen, die ihre Energie und Kreativität in den nächtlichen Stunden finden. Und auch sie haben Bestnoten!

Leider sind wir durch die vorgegebene Schulzeit gezwungen, einen gewissen Tagesrhythmus einzuhalten. Auch für mich als Morgenmensch war es schwierig: Ich bin eine Zeit lang immer eine Stunde früher aufgestanden und habe noch vor der Schule einige Aufgaben erledigt, weil ich wusste, dass ich abends nach dem Unterricht für nichts mehr zu gebrauchen bin. Eventuell hilft es dir aber mehr, am Nachmittag zu lernen oder den Samstagabend als *»get shit done«*-Zeit zu nutzen.

**Wann ist deine Prime Time?**

Unabhängig davon, wann deine Prime Time ist, also deine beste Zeit, um produktiv zu sein, teilen wir alle ein gemeinsames Geheimnis: Wir benötigen Pausen – und zwar zum richtigen Zeitpunkt. Pausen sind keine Zeitverschwendung, sondern sie sind entscheidend für deine Konzentration und Produktivität.

Für mich persönlich ist es immer das Ziel, in den Flow zu gelangen. Das ist ein sehr angenehmer und konzentrierter Zustand, in dem du völlig in der Aktivität aufgehst, die du gerade ausübst (egal ob das Lernen, Arbeiten oder Sport ist). Der Flow ist so etwas wie das Best-of der Produktivität. Im Flow verschmelzen Zeit und Raum, du vergisst alles um dich herum und tauchst tief in das Thema ein. Alles geht dir leicht von der Hand.

Damit das klappt, meide ich Multitasking, deaktiviere alle Ablenkungen, mach also mein Handy aus, und versuche, mich wirklich für das Thema zu interessieren. Wenn die Konzentration nachlässt, gönne ich mir eine verdiente Pause. Das mache ich mittlerweile ganz intuitiv.

Die Pause kannst du auch produktiv nutzen! Vertreib die Zeit lieber nicht mit Social Media, denn das zieht einen nur allzu leicht in den Bann. Ein kurzer Spaziergang an der frischen Luft oder eine kleine Aufräum-Aktion wirken Wunder und halten dich motiviert. Wie wir bereits wissen: **Motivation folgt auf Aktion**.

### So kannst du deine Pause gestalten, damit sie dir Energie gibt

**P - Perspektivenwechsel:** Nimm dir Zeit, um die Perspektive zu ändern. Schau aus dem Fenster, setz dich an einen anderen Ort oder geh für die nächste Lernsession in ein Café oder in die Bibliothek.

**A - Atmen:** Konzentriere dich doch mal auf ein bewusstes Atmen. Ein paar tiefe Atemzüge können Wunder wirken, um Stress abzubauen.

**U - Unterhaltung:** Gönn dir eine kurze Unterhaltungspause. Lies einen humorvollen Artikel oder red mit einem Freund oder deiner Familie. Dadurch kannst du kurz an etwas anderes als an die Schule denken.

**S - Spaziergang:** Frische Luft tut gut! Mach einen kurzen Spaziergang, um den Kopf frei zu bekommen. Mein Hund Flo liebt diese produktive Pause genauso wie ich!

**E - Energizer-Übungen:** Mach ein paar kurze Übungen, um dich aufzulockern. Dadurch gerät vermehrt Sauerstoff ins Gehirn. Es ist inzwischen auch bewiesen, dass Bewegung die geistige Leistungsfähigkeit erhöht. Wie wäre es mit einer kurzen Laufrunde, einem Spaziergang, ein paar Sit-ups und Dehnungen oder Yoga-Posen?

Egal, ob du deinen eigenen Flow am Morgen oder in der Nacht findest, Pausen sind der Schlüssel zum Stressabbau, zum Energietanken und zur ultimativen Arbeitsleistung. Pausen sind wichtig und keine Zeitverschwendung. Lass dich nicht stressen, wenn andere Menschen vielleicht gerade lernen, während du eine Pause machst. Denn du weißt: Jeder hat einen anderen Lernrhythmus.

Es gibt verschiedene Ansätze, wann und wie lange man Pause machen sollte. Eine sehr bekannte und weitverbreitete Zeitmanagement-Methode ist die Pomodoro-Technik. Sie zielt darauf ab, die Produktivität zu steigern, indem die Arbeitszeit in Intervalle unterteilt wird, zwischen denen kurze Pausen eingelegt werden.

Das Wort *pomodoro* kommt aus dem Italienischen und heißt Tomate. Der Erfinder, Francesco Cirillo, nannte die Technik so, weil seine Küchenuhr die Form einer Tomate hatte. Die Pomodoro-Technik besteht aus folgenden Schritten:

- **Wähle eine Aufgabe:** Entscheide dich für eine einzige Aufgabe, die du erledigen möchtest.
- **Stell einen Timer:** Stell deinen Timer auf 25 Minuten und widme dich bis zum Klingeln vollständig der ausgewählten Aufgabe.
- **Arbeite konzentriert:** Während des 25-minütigen Intervalls (eines sogenannten Pomodoros) fokussierst du dich ausschließlich auf deine Arbeit. Vermeide Ablenkungen so gut wie möglich.
- **Mach eine kurze Pause:** Nachdem der Timer abgelaufen ist, gönnst du dir eine kurze Pause von etwa 5 Minuten.

Steh auf, streck dich, trink etwas Wasser oder lenk dich kurz ab (siehe »P – A – U – S – E«, Seite 43).

**Wiederhole:** Setz den Timer erneut auf 25 Minuten und wiederhole den Vorgang. Nach vier Pomodoros kannst du eine längere Pause von etwa 15 bis 30 Minuten machen.

Mir persönlich sind 25 Minuten zum Lernen zu kurz. Ich möchte länger im Flow bleiben und lerne lieber ganze 90 Minuten. Du kannst die Pomodoro-Technik individuell für dich anpassen! Wenn du dir den Wecker stellst, fällt es dir leichter, mit dem Lernen überhaupt erst zu beginnen. Zusätzlich wirst du automatisch daran erinnert, rechtzeitig Pausen einzulegen. Und zwar bevor du völlig unkonzentriert über deinem Buch hängst oder anfängst, in deinen Unterlagen rumzukritzeln.

## Exkurs: Die ultimative Superkraft der Schüler

Mir ist aufgefallen, dass ich schnell in negative Gedanken verfalle und denke, ich wäre einfach zu dumm oder zu schlecht für die Schule. Auch wenn das gar nicht real ist! Diese Gedanken kommen vor allem dann, wenn es mir generell nicht gut geht. Weil ich im Stress bin, wenig geschlafen habe, nicht gut oder ausreichend gegessen oder zu wenig Zeit mit Freunden und Familie verbracht habe, mein Zimmer im Chaos versinkt, ich keine Zeit für mich selbst habe oder ich wenig bis keinen Sport machen kann. Das ist ganz und gar nicht überraschend. Die Sache ist: Wir benötigen eine stabile Grundlage, um leistungsfähig und motiviert zu sein.

Ich möchte es dir anhand eines Beispiels erklären: Stell dir vor, du bist mitten in einem Spiel. Du hast vier große Steine, eine Ladung Sand und ein Glas. Deine Aufgabe? Füll die Steine und den Sand in dieses Glas.

Du beginnst enthusiastisch, den Sand in die Hand zu nehmen und in das Glas zu gießen. Doch sobald der Sand den Boden bedeckt, merkst du, dass die großen Steine nicht mehr hineinpassen. Dein Plan gerät ins Wanken und du musst von vorne beginnen. Aber keine Sorge, es gibt einen klugen Weg, dieses Spiel zu gewinnen.

Nimm zuerst die großen Steine und setz sie sorgfältig ins Glas. Dann und nur dann nimmst du den Sand und lässt ihn vorsichtig in die Zwischenräume zwischen den Steinen rieseln. Da der Sand nun die Zwischenräume füllen kann, passt alles ins Glas. Du hast das Spiel gemeistert.

Du fragst dich jetzt vielleicht, was das für eine komische Analogie zur Schule sein soll. Das ist das *jar of life* (Glas des Lebens).

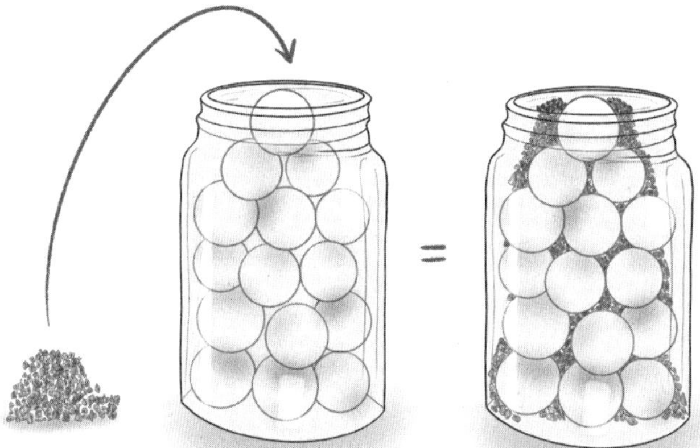

Eventuell kennst du diese bekannte Metapher schon. Die großen Steine sind die wichtigen Dinge, die wirklich zählen und die die Basis für deinen Erfolg bilden. Sie repräsentieren deine Gesundheit, deine Erholung und dein seelisches Wohlbefinden. Wenn du deine normalen alltäglichen Aufgaben erledigen willst, ist es wichtig, dass du dich zuerst um dieses Fundament kümmerst. Dann schaffst du auch die kleinen Dinge. So geht es uns auch mit der Schule.

Wenn es dir gelingt, erst die essenziellen Grundlagen zu schaffen – also ausreichend zu schlafen, dich gesund zu ernähren und einen ausgeglichenen Alltag zu haben –, fällt es dir leichter, in der Schule gute Leistungen zu erzielen. Wenn du dich zuerst auf alle kleinen Aufgaben in der Schule konzentrierst und deine Gesundheit außer Acht lässt, funktioniert gar nichts. Also: *First things first*, das Wichtigste zuerst.

Wenn wir die wichtigen Dinge zuerst angehen, haben wir immer noch Raum für die kleinen Aufgaben des Alltags. Deine »Steine« sind die Grundpfeiler deines Wohlbefindens und der »Sand« sind die alltäglichen Aufgaben. Indem du zuerst auf deine Gesundheit achtest, schaffst du die richtige Grundlage für schulischen Erfolg.

Ich habe es mir zum Beispiel zur Gewohnheit gemacht, erst mal zu duschen, mir etwas Leckeres zu kochen und vielleicht sogar kurz zu schlafen, wenn ich mich in der Klausurenphase schlecht fühle. Es wirkt wirklich Wunder. Danach sieht die Welt oft schon wieder ganz anders aus.

## Gesunde Study-Snacks

Genau wie der Einfluss des Schlafs ist auch die Bedeutung deiner Ernährung nicht zu unterschätzen, wenn es um deinen Lernerfolg geht. Du bist, was du isst, so einfach ist das. Dein Körper bezieht seine ganze Energie aus den Nahrungsmitteln, die du ihm mit dem Essen und Trinken zuführst. Daher solltest du versuchen, deinem Körper zu geben, was er für Bestleistungen benötigt: viel Flüssigkeit (zuckerfrei), gute komplexe Kohlenhydrate (zum Beispiel Vollkorn oder Kartoffeln), hochwertige Proteine und Fette, vitaminreiches Gemüse und Obst, möglichst wenig Zucker und kein Junkfood. Dein Körper ist eine Hochleistungsmaschine – betanke sie mit dem bestmöglichen Treibstoff und sie wird deutlich besser funktionieren! Hier findest du eine Liste meiner liebsten Study-Snacks für den kleinen Hunger an Lerntagen.

- ☐ **Apfelspalten mit Erdnussbutter:** frische Apfelspalten mit cremiger Erdnussbutter.
- ☐ **Gemischte Nüsse und Trockenfrüchte:** eine Mischung aus Mandeln, Walnüssen, Rosinen und getrockneten Aprikosen. 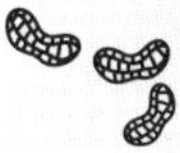
- ☐ **Vollkorntoast mit Avocado:** getoastetes Vollkornbrot mit zerdrückter Avocado und einer Prise Salz. 
- ☐ **Geröstete Kürbiskerne:** Kürbiskerne leicht rösten und mit Salz oder Gewürzen würzen. 
- ☐ **Vollkornreiswaffeln mit Mandelbutter:** knusprige Vollkornreiswaffeln mit Mandelbutter bestreichen.
- ☐ **Obstsalat mit Zitrusdressing:** frischer Obstsalat mit einem Dressing aus Orangensaft und  Zitronensaft.
- ☐ **Veganer Joghurt mit Müsli:** pflanzlicher Joghurt (zum Beispiel Soja oder Mandel) mit Müsli und frischen Beeren. 
- ☐ **Hummus mit Vollkorncrackern:** Hummus mit Vollkorncrackern oder Pitachips.
- ☐ **Gebackene Kartoffelstücke:** Kartoffelstücke mit Gewürzen im Ofen backen. 
- ☐ **Guacamole mit Mais-Chips:** selbst gemachte Guacamole mit Mais-Chips zum Dippen. 
- ☐ **Pflaumen mit Mandelkern:** frische Pflaumen mit einem Mandelkern in der Mitte.

- [ ] **Einfacher Obstmix:** Trauben, Apfelspalten und Bananenstücke kombinieren.

- [ ] **Tomaten mit Balsamicodressing:** Cherrytomaten mit Balsamicodressing beträufeln.
- [ ] **Röstgemüse-Sticks:** Karotten- und Selleriesticks mit Hummus oder scharfer Salsa.

- [ ] **Gemüsesticks mit Hummus:** Karotten, Gurken und Paprika in Hummus dippen.
- [ ] **Gegrillte Edamame:** Edamame mit einer Prise Salz und Pfeffer rösten.

- [ ] **Frisches Obst mit Nussbutter:** Apfelspalten oder Bananen mit Mandelbutter oder Erdnussbutter.
- [ ] **Vollkorncracker mit Avocado:** Vollkorncracker mit dünnen Avocadoscheiben belegen.

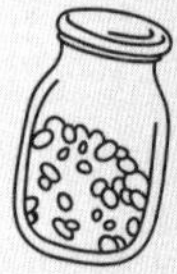

- [ ] **Quinoasalat in Einmachgläsern:** Quinoa mit Tomaten, Gurken, Kichererbsen und einem leichten Vinaigrette-Dressing.
- [ ] **Geröstete Kichererbsen:** knusprige Kichererbsen mit Gewürzen wie Paprika und Kreuzkümmel.

- [ ] **Mandeln und getrocknete Früchte:** eine Mischung aus Mandeln, getrockneten Aprikosen und Rosinen.

- [ ] **Vegane Proteinriegel:** Riegel auf pflanzlicher Proteinbasis für eine schnelle Energiezufuhr.

- ☐ **Rohkost-Energiekugeln:** Datteln, Nüsse, Haferflocken und Kakao zu kleinen Kugeln formen.

- ☐ **Grüne Smoothie-Bowl:** ein Smoothie aus Spinat, Banane, Mandeldrink und Toppings wie Nüssen und Chiasamen.
- ☐ **Getrocknete Seetangchips:** leichte und knusprige Alternative zu herkömmlichen Chips.

- ☐ **Luftgepoppter Quinoa:** Quinoa in der Pfanne leicht anrösten, bis er aufpoppt, und mit Gewürzen abschmecken.
- ☐ **Kokosjoghurt mit Granola:** Kokosjoghurt mit knusprigem Granola und frischem Obst.

## SOS-Notfall-Kit bei Stress und Panik

Wir denken immer an die große Klausur am Ende, an die Abitur-Klausur. Was da alles schieflaufen kann! Was das für Konsequenzen mit sich bringt! Ich habe mich mal so sehr in meine Angst reingesteigert, dass ich sogar Angst vor der Angst hatte. Die eigentliche Klausur war nicht das Schlimme. Ich wollte nur nicht wieder in diesen Teufelskreis meiner Gedanken reinkommen.
Ich versuche mittlerweile, die Dinge immer möglichst unemotional so zu sehen, wie sie sind. Nicht besser und nicht schlechter. Das fällt mir oft ziemlich schwer, da ich dafür eine neutrale Außenperspektive einnehmen und mich von meinen Überzeugungen und Ängsten lösen muss, was mir nicht immer gelingt.
Wenn du dich jemals so sehr in diese gefährliche Abwärtsspirale hineinsteigerst und es dich psychisch belastet, dann zögere nicht, mit einem Experten darüber zu sprechen. Glaub mir, das ist kein Zeichen von Schwäche. Es ist einfach gesund und notwendig. Ich stelle dir gleich einige Tipps vor, die mir geholfen haben, aber natürlich ersetzt das keine therapeutische Behandlung.

Red dich nicht schlecht und verlange auch nicht von dir, dass du gar keine Angst mehr haben solltest. Aber du kannst dich fragen, was für einen Sinn deine Angst hat. Einige Ängste wie die Angst, die dir erlaubt, vor einem Bären wegzurennen, sind natürlich hilfreich! Denn sie sorgen dafür, dass deine Alarmglocken schnell läuten und du dich in Sicherheit bringst.
Aber hilft dir die große Angst vor einer Klausur? Mir hat sie nicht geholfen. Durch die Panik und den Stress, den ich mir gemacht

habe, war ich am Tag der Klausur nur noch aufgeregter und konnte mich schlechter konzentrieren. Ich glaube, ein bisschen Aufregung gehört immer dazu, aber wir sollten uns nicht reinsteigern.

**Vogelperspektive**

Während meiner Vorbereitungen und Prüfungen habe ich mir angewöhnt, einen Schritt zurückzutreten und die Situation aus der Vogelperspektive zu betrachten. Ich sehe mich selbst in diesem Prüfungsraum sitzen, dann sehe ich meine Schule, meine Stadt, und irgendwann sehe ich die ganze Welt. Plötzlich werden meine Sorgen und Ängste winzig und unwichtig.

**Worst-Case-Szenario**

Oft frage ich mich auch, was das Worst-Case-Szenario ist. Also, was ist das Schlimmste, was eintreten kann? Wird diese eine Prüfung oder dieser eine Vortrag wirklich über den Rest meines Lebens entscheiden? Höchstwahrscheinlich nicht. Wie wahrscheinlich ist es, dass diese Prüfung tatsächlich so schrecklich wird, dass das schlimmste Szenario auch eintritt? Eher unwahrscheinlich.

**Body Scan**

Der Body Scan ist eine Achtsamkeitsübung, bei der du deine Aufmerksamkeit systematisch durch deinen Körper lenkst. Du beginnst in der Regel mit den Zehen und arbeitest dich langsam nach oben. Ziel ist es, auf mögliche Spannungen oder Unbehagen zu achten und bewusst zu entspannen. Diese Methode hat mir in Prüfungen immer geholfen, den Fokus von angstauslösenden Gedanken (was wird eine schlechte Note nur für schreckliche Konsequenzen haben!) wegzulenken und die Aufmerksamkeit auf den gegenwärtigen Moment zu richten.

### 5-4-3-2-1-Übung

Diese einfache Sinnesübung lenkt die Aufmerksamkeit auf die Umgebung, um den Geist zu beruhigen. Du benennst fünf Dinge, die du sehen kannst, vier Dinge, die du hören kannst, drei Dinge, die du berühren kannst, zwei Dinge, die du riechen kannst, und eine Sache, die du schmecken kannst. Dies hilft, den Verstand zu zentrieren und die Sinne zu beruhigen. Wirklich super, wenn du in einer Prüfungssituation panisch wirst!

**Rosinenübung**

Die Rosinenübung ist eine Achtsamkeitspraxis, bei der du einen Gegenstand mit allen Sinnen erforschst. Das Paradebeispiel ist eine Rosine, daher der komische Name der Übung. Du schaust die Rosine an, fühlst ihre Textur, riechst ihren Duft, hörst sie knirschen, wenn du hineinbeißt, und schmeckst ihren Geschmack. Diese Methode lenkt den Geist von angstauslösenden Gedanken ab. Ich hab das im Mathe-Abi mit einer Cashewnuss gemacht!

Alle diese Techniken sind darauf ausgerichtet, den Fokus auf den gegenwärtigen Moment zu lenken und die Kontrolle über den eigenen Körper und Geist zurückzugewinnen. Sie haben mir persönlich geholfen, Paniksymptome zu lindern. Aber wie gesagt: Bitte konsultiere einen Experten, wenn du mehr Hilfe brauchst! Das ist ein Zeichen von großer Stärke!

## Checkliste für die Basics

Wenn du die folgenden Fragen in deinen Alltag und in deine Lernroutine integrierst und dafür sorgst, dass du sie stets mit Ja beantworten kannst, kannst du garantiert effektiv lernen!

### ☐ Ernährung

- ✓ Habe ich heute ausgewogen und nährstoffreich gegessen?
- ✓ Trinke ich genug Wasser?

### ☐ Bewegung

- ✓ Habe ich heute bereits etwas Sport gemacht oder mich bewegt?
- ✓ Plane ich regelmäßige Pausen für kurze Spaziergänge oder Dehnübungen ein?

### ☐ Schlaf

- ✓ Habe ich genug Schlaf bekommen?
- ✓ Halte ich einen regelmäßigen Schlaf-wach-Rhythmus ein?

### ☐ Entspannung

- ✓ Habe ich Zeit für Entspannungstechniken wie Meditation oder Atemübungen eingeplant?
- ✓ Gönne ich mir regelmäßige Pausen, um Stress abzubauen?

### ☐ Soziale Kontakte

- ✓ Habe ich genügend Zeit mit Freunden oder Familie verbracht?
- ✓ Fühle ich mich unterstützt und verbunden?

### ☐ Selbstpflege

- ✓ Habe ich mir Zeit für Dinge genommen, die mir Freude bereiten?
- ✓ Gibt es Aktivitäten, die mir helfen, mich zu entspannen (z. B. Lesen, Musik hören, Zeichnen)?

### ☐ Reflexion

- ✓ Habe ich mir Gedanken über meine Emotionen gemacht und versucht, sie zu verstehen?
- ✓ Habe ich realistische Erwartungen an mich selbst?

### ☐ Arbeitsplatz

- ✓ Ist mein Arbeitsplatz aufgeräumt und gut organisiert?
- ✓ Habe ich alle notwendigen Materialien und Ressourcen?

### ☐ Lernumgebung

- ✓ Habe ich einen ruhigen Ort zum Lernen ohne Ablenkungen?
- ✓ Ist mein Lernumfeld angenehm gestaltet?

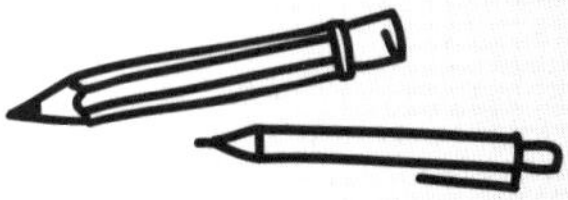

Teil II

# Die Grundlagen des Lernens

# Nein, du bist nicht zu dumm!

»Ich lerne so viel, aber trotzdem kriege ich nie eine gute Note!« Diesen Satz habe ich echt oft gehört.

Es ist frustrierend, sich so viel Mühe zu geben und dennoch das Gefühl zu haben, dass es nicht ausreicht. Vielleicht hast du auch schon mal gedacht: »Ich bin einfach zu dumm! Ich habe diese eine Seite im Buch tausendmal gelesen, aber das Wissen bleibt nicht haften!« Nun, ich kann dich beruhigen – du bist nicht allein. Vermutlich hast du nur mit den falschen Lernmethoden gelernt.

Die gute Nachricht ist: Jeder kann seine Art zu lernen verbessern. Es gibt neben dem mechanischen Lernen und Auswendiglernen weitere Wege, die effektiver sind und dir mehr Zeit für die schönen Dinge im Leben lassen. In diesem Kapitel werden wir uns mit smarten Lernmethoden auseinandersetzen, die dir helfen, das Beste aus deiner Lernzeit herauszuholen, ohne dich dabei zu überfordern. Schluss mit dem sturen Pauken, hier geht es um clevere Techniken, die wirklich funktionieren.

Wenn du deine Traumnoten aktuell noch nicht erreichst, liegt das mit großer Wahrscheinlichkeit daran, dass du noch nicht die richtigen Lernmethoden für dich gefunden hast. Und ja, Lernmethoden sind individuell und einige Strategien werden für dich besser, andere schlechter funktionieren – aber mittlerweile gibt es einen wissenschaftlichen Konsens über das richtige Lernen.

**Du bist kein hoffnungsloser Fall!**

Let's go, wir werden gemeinsam einen Blick auf Lernstrategien werfen, die nicht nur effizient sind, sondern auch Spaß machen. Lass uns Wege finden, wie du das Gelernte nachhaltig in deinem

Gedächtnis verankerst. Es wird Zeit für effizientes Lernen, das dir den Weg zu besseren Noten und mehr Freizeit ebnet.

## Wie der Stoff wirklich hängen bleibt

Stell dir vor, du sitzt vor einem Berg von Unterlagen, versuchst, dir alles einzuprägen, und merkst dann in der Prüfung, dass dein Gehirn wie ausgelöscht ist. Frustrierend, oder? Wie genau hast du gelernt? Hast du dir deine Lernzettel durchgelesen? Ein Video zu dem Thema angeguckt? Ein Lehrbuch gelesen? Im Unterricht zugehört? Dann hast du passiv gelernt. Egal, wie toll und gemütlich das ist, beim passiven Lernen bist du auch nur ein passiver Empfänger von Informationen, ohne das Gelernte aktiv abzurufen oder anzuwenden! Dies führt oft zu einem oberflächlichen Verständnis und einer geringen Speicherung im Langzeitgedächtnis. Es ist, als ob du versuchst, einen Berg zu besteigen, ohne dich tatsächlich zu bewegen, indem du nur die Bilder davon betrachtest, anstatt tatsächlich die Höhen und Tiefen mit deinen eigenen Füßen zu durchqueren.

Lernzettel (darunter verstehe ich selbst erstellte schriftliche Zusammenfassungen des Lernstoffs) werden in der Study-Szene total gehypt. In der Oberstufe habe ich fast in jedem Unterricht Mitschüler gesehen, die wahnsinnig schöne Überschriften und Doodles auf ihre Zusammenfassungen geschrieben haben. Und ja, Lernzettel mag ich auch. Sie können eine gute Unterstützung sein, aber das reine Lesen dieser Zusammenfassungen sollte nicht der Hauptbestandteil deiner Lernroutine sein.

Passives Lernen mag zwar bequem erscheinen, aber es ist eine Falle! Das Gehirn ist keine reine Datenspeicherungseinheit, die Informationen einfach aufsaugt wie ein Schwamm. Es ist vielmehr ein dynamisches Organ, das auf Herausforderungen und Aktivität reagiert. Statt Informationen einfach aufzunehmen, verarbeitet das Gehirn sie aktiv, verknüpft sie mit vorhandenem Wissen, zieht Schlussfolgerungen und schafft somit ein tieferes Verständnis.

Passives Lernen kann dazu führen, dass Informationen oberflächlich bleiben und nicht effektiv in das Langzeitgedächtnis übertragen werden. Es fehlt der Prozess der kognitiven Verarbeitung, der durch aktive Beteiligung, Reflexion und Anwendung von Wissen während des Lernens erfolgt.

Um das volle Potenzial unseres Gehirns auszuschöpfen, sollten wir daher darauf abzielen, das Lernen als einen aktiven Prozess zu gestalten. Dies kann durch gezielte Herausforderungen, Anwendung von Wissen in praktischen Situationen und bewusste Reflexion über das Gelernte erfolgen. Aktives Lernen fördert nicht nur ein tieferes Verständnis, sondern stärkt auch kognitive Fähigkeiten wie Problemlösung, kritisches Denken und die kreative Anwendung von Wissen!

## Active Recall

Active Recall ist der Superheld unter den Lernmethoden und wirklich die absolute Grundlage. Dabei geht es darum, Informationen nicht nur passiv aufzunehmen, sondern das Gelernte aktiv wiederzugeben – und das macht den entscheidenden Unterschied. In der Praxis sieht das so aus: Du erstellst Karteikarten mit den Inhalten, die du lernen musst – schon das Erstellen an sich

ist ein effektiver Lernschritt, weil du die Informationen präzise formulieren musst.
Notiere dir nach jedem Kapitel oder Abschnitt wichtige Fragen. Nachdem du alles nochmals durchgelesen und gelernt hast, legst du alle deine Notizen, Karteikarten und Bücher weg und versuchst, nur deinen Kopf zu benutzen. Was weißt du noch? Versuch, den Inhalt in deinen eigenen Worten wiederzugeben! Ja, sprich ruhig laut mit dir selbst.
Ein weiterer, sehr effektiver Weg, etwas zu lernen, ist, es anderen zu erklären. Schildere einem Klassenkameraden oder Familienmitglied das Thema deiner Klausur. Du hast gerade niemanden? Dann stell dir einfach ein Publikum vor oder chatte mit ChatGPT. Active Recall ist der Schlüssel, um Wissen nicht nur kurzfristig zu speichern, sondern es auch langfristig abrufbar zu machen.

---

Active Recall bedeutet aktives Abrufen von Informationen aus dem Gedächtnis. Statt die Lerninhalte nur passiv durchzugehen, werden sie durch das Erstellen von Fragen (etwa auf Karteikarten) und das bewusste Abfragen und Wiederholen auch im Langzeitgedächtnis verankert. Diese Methode fördert aktives Denken, identifiziert Wissenslücken und stärkt das Langzeitgedächtnis, was zu nachhaltigem Lernerfolg führt.

---

Das ist der Grund, warum ich Karteikarten so liebe! Ich frage dadurch den Stoff aktiv ab und merke sofort, was ich kann und was ich noch üben muss. Beim Durchlesen oder Zusammenstellen von Lernzetteln klappt das nicht so gut, weil ich mich einfach austricksen kann und *denke*, ich würde den Stoff verstehen, obwohl das nicht stimmt.

Karteikarten ermöglichen es, den Lernstoff aktiv abzufragen. Indem du eine Frage auf der Vorderseite der Karteikarte liest und versuchst, die Antwort aus dem Gedächtnis abzurufen, förderst du aktiv die Erinnerung. Nachdem du versucht hast, die Frage zu beantworten, kannst du die Antwort auf der Rückseite überprüfen. Dies bietet sofortiges Feedback und ermöglicht es, Lücken im Wissen zu erkennen und gezielt daran zu arbeiten.

Wer ausschließlich mit Lernzetteln arbeitet, liest in der Regel nur Texte durch oder stellt Informationen auf Papier zusammen. Dieser Prozess kann eher passiv sein, und der Stoff, den du dir einprägst, wird nicht langfristig im Gedächtnis verankert.

Beim Erstellen von Lernzetteln besteht die Gefahr, dass du dich selbst täuschst. Du kannst denken, dass du den Stoff verstehst, nur weil du ihn in deine eigenen Worte gefasst hast, auch wenn dies möglicherweise nicht der Fall ist.

Im Vergleich zu Karteikarten bieten Lernzettel weniger Gelegenheiten zum aktiven Abfragen und zur direkten Überprüfung des Wissens!

Zusammenfassend lässt sich sagen, dass Karteikarten aufgrund ihres Formats und ihrer Funktion oft effektiver sind, um aktives Lernen zu fördern und ein tieferes Verständnis des Stoffs zu ermöglichen. Sie bieten einen strukturierten Ansatz für die Wiederholung und können dazu beitragen, Wissenslücken gezielt zu schließen. Natürlich solltest du deine Lernzettel trotzdem jetzt nicht einfach wegwerfen oder gänzlich auf sie verzichten! Lernzettel können als ergänzendes Werkzeug genutzt werden, solange du dir bewusst bist, dass erfolgreiches Lernen aktives Engagement und gezielte Überprüfung des Gelernten erfordert. Also zum Nachlesen sind Lernzettel super, oder wenn dir das Gestalten Spaß macht und dich zum Lernen motiviert.

In einer Welt, die von Informationen überflutet wird, ist es wichtig, nicht nur passiv zuzuhören, sondern sich aktiv mit dem Gelernten auseinanderzusetzen. Wenn du wirklich lernen möchtest, musst du dein Gehirn aktiv einsetzen, es herausfordern und ihm die Möglichkeit geben, sein volles Potenzial zu entfalten.

Active Recall heißt, das Wissen aktiv abzurufen, sei es durch das Beantworten von Fragen, das Erstellen von Zusammenfassungen aus dem Gedächtnis oder das Erklären des Gelernten. Dieser Prozess des Abrufens und Erinnerns verbessert nicht nur die Speicherleistung, sondern fördert auch ein tieferes Verständnis und die Anwendung der Materie. Du zwingst dein Gehirn quasi zu arbeiten. Es ist, als würdest du es zu einem mentalen Workout herausfordern.

Okay, stell dir vor, du musst für diese große Geschichtsklausur lernen – und die Epoche der Industrialisierung ist so gar nicht dein Ding. Das klingt nach einer echten Herausforderung. Anstatt dich durch tonnenweise Bücher zu quälen, probierst du mal Active Recall aus.

Also setzt du dich hin und formulierst Fragen zu den wichtigsten Ereignissen und Figuren. Aber Mist, die Antworten zu finden, ist schwieriger als erwartet. Dieser aktive Abruf zwingt dich, dein Gehirn zu fordern und Informationen aus deinem Gedächtnis zu ziehen.

Dann wagst du dich an eine Zusammenfassung der Schlüsselkonzepte – als ob du einem Freund die Geschichte erklären würdest. Überraschenderweise merkst du, dass dieses mentale Workout nicht nur deine Klausurvorbereitung verbessert, sondern dir auch ein tieferes Verständnis für die Industrialisierung verleiht.

Active Recall ist eine superpraktische Methode!

Du fragst dich vielleicht, wie du Active Recall in deinen Lernalltag integrieren kannst? Active Recall lässt sich in verschiedenen Lernphasen leicht anwenden. Ob du dich auf eine Klausur vorbereitest, eine neue Sprache lernst oder komplexe Konzepte verstehen möchtest – diese Methode ist wirklich vielseitig einsetzbar.

Active Recall ist nicht nur eine Technik, sondern eine Denkweise, die dir dabei hilft, das Lernen zu genießen und gleichzeitig effizienter zu gestalten.

Ich habe dazu ein paar coole Tipps für dich!

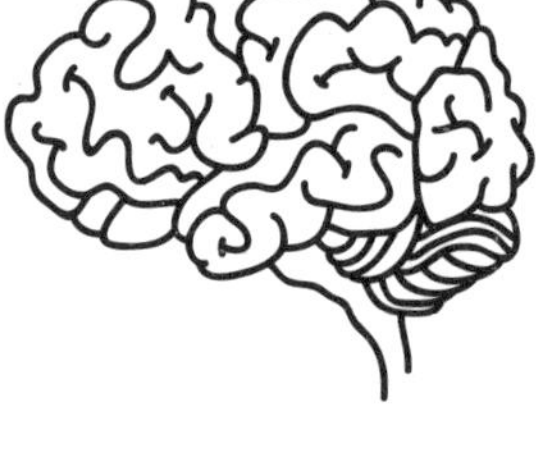

### Laras Tipps

- Erstelle Karteikarten mit Fragen auf der Vorderseite und den Antworten auf der Rückseite.
- Erstelle Mindmaps, um den Kontext zu veranschaulichen.
- Erzähl das Gelernte in eigenen Worten. Versuch es im Notfall (falls gerade kein Mensch dafür zur Verfügung steht), deinem Hund oder Stofftier zu erklären. Vertrau mir, so merkst du direkt, ob du das Thema verstanden hast.
- Je mehr du dein Wissen reproduzierst, desto tiefer wird es in deinem Gedächtnis verankert.

# Test

## Wie aktiv lernst du bereits?

**Nutzt du Active Recall beim Lernen?**
Achtung, das ist mehr als einfaches Durchlesen! Aktives Abrufen bedeutet, Informationen aus deinem Gedächtnis abzurufen, anstatt nur passiv zuzuhören oder zu lesen.

**Verwendest du Karteikarten oder Selbsttests?**
Aktive Rückfragen durch Karteikarten oder kurze Selbsttests können eine effektive Methode sein, um dein Wissen zu überprüfen und zu vertiefen.

**Stellst du dir selbst Fragen zum Lernstoff?**
Versuchst du, während des Lernens Fragen zu formulieren, um dein Verständnis zu testen? Das kann helfen, Schwachstellen zu identifizieren.

**Kannst du den Lernstoff erklären, ohne auf deine Unterlagen zu schauen?**
Ein sicheres Zeichen für Active Recall ist die Fähigkeit, das Gelernte ohne Hilfsmittel zu erklären. Versuch, den Stoff in eigenen Worten wiederzugeben.

**Reflektierst du regelmäßig über das Gelernte?**
Nimmst du dir Zeit, um darüber nachzudenken, was du gelernt hast? Die Reflexion unterstützt den aktiven Abruf von Informationen.

**Versuchst du, dich selbst zu testen, indem du dir Fragen stellst und sie beantwortest?**
Aktive Selbsttests, bei denen du dir Fragen stellst und versuchst, sie zu beantworten, fördern das Gedächtnistraining.

**Nutzt du verschiedene Techniken des aktiven Lernens wie Mindmaps oder Diagramme?**
Kreative Techniken können helfen, den Lernstoff aktiv zu verarbeiten. Verwendest du verschiedene Methoden?

**Versuchst du, den Lernstoff in verschiedenen Kontexten zu wiederholen?**
Aktives Abrufen in verschiedenen Umgebungen oder Kontexten kann die Festigung des Wissens unterstützen.

**Setzt du bewusst Pausen ein?**
Kurze Pausen können die Speicherung von Informationen verbessern.

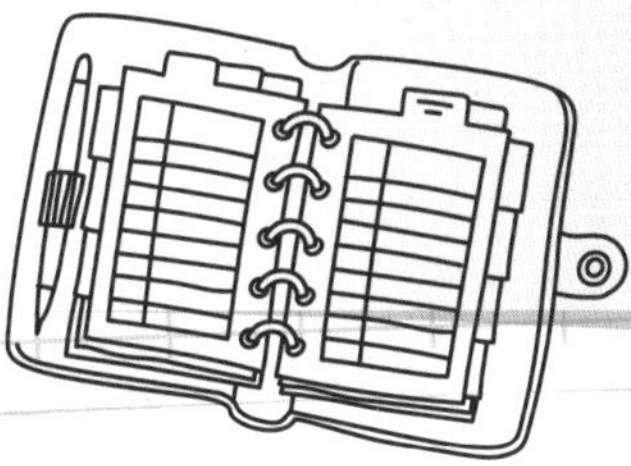

**Bist du bereit, dich selbst herauszufordern und Unbekanntes zu lernen?**

Die Bereitschaft, sich selbst herauszufordern und Unbekanntes zu lernen, ist ein Zeichen von aktivem, anspruchsvollem Lernen.

Zähl, wie oft du mit **Ja** geantwortet hast, um herauszufinden, wie aktiv du beim Lernen bist!

## Der richtige Zeitpunkt zum Lernen

Weißt du, wann du lernen solltest? Wann es am sinnvollsten ist, deine Karteikarten herauszuholen? Ich wusste es eine lange Zeit nicht und habe einfach immer dann gelernt, wenn ich Zeit und Lust hatte. Mittlerweile weiß ich es aber! Bevor ich das Geheimnis lüfte, müssen wir eine Sache verstehen:

### Die Vergessenskurve

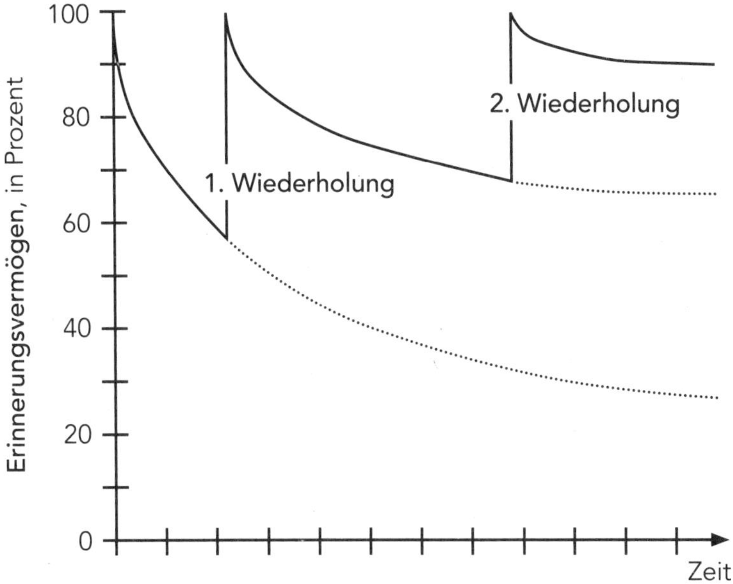


Die Vergessenskurve, ein unsichtbarer Bösewicht in der Welt des Lernens, enthüllt, warum Informationen so oft wie ein verschwindender Nebel aus unserem Gedächtnis entweichen. Die Kurve, von Hermann Ebbinghaus entdeckt, zeigt, dass wir kurz nach dem Lernen am schnellsten vergessen. Bis zu 50 Prozent des neuen Wissens sind innerhalb einer Stunde schon wieder verflogen!

Mir passierte das auch oft in der Schule. Im Deutschunterricht redeten wir mittags über Kommunikationsmodelle und am Abend hatte ich längst vergessen, was das überhaupt ist.
Doch anstatt sich von dieser Kurve einschüchtern zu lassen, kannst du sie zu deinem Vorteil nutzen. Mit Spaced Repetition. Diese Technik sorgt dafür, dass du genau dann erneut mit dem Lernstoff konfrontiert wirst, wenn die Kurve steil nach unten zeigt. So behältst du dein Wissen und es wird größer denn je.

**Wie funktioniert Spaced Repetition?**

Spaced Repetition beruht auf der Erkenntnis, dass wir uns Informationen besser merken können, wenn wir sie kurz nach dem ersten Lernen und kurz vor dem Vergessen wiederholen. Dein Gehirn erinnert sich daran und die neuronale Verbindung wird stärker. Es geht darum, den Stoff genau zur richtigen Zeit zu wiederholen. Es gibt Apps mit einem Algorithmus, der für dich den perfekten Zeitpunkt berechnet, den Lernstoff zu wiederholen. Das erkläre ich später noch genauer. Es ist, als hätte dein Gehirn einen personalisierten Trainer, der sagt: »Erinnerst du dich noch daran? Nein? Hier ist es wieder.«

## Wie unser Gehirn funktioniert

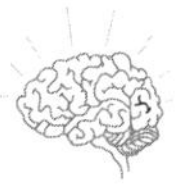

Das menschliche Gehirn strebt immer nach Effizienz. Bei der Informationsverarbeitung entstehen im Gehirn neuronale Verbindungen, und um Platz zu schaffen, eliminiert dieses System alle unnötigen Verknüpfungen. Bei der **Spaced Repetition** stärkt das Gehirn durch gezielte Wiederholung kurz vor dem Vergessen die neuronalen Verbindungen.

Es gibt mittlerweile Apps und Programme, die dir genau sagen, wann du etwas wiederholen solltest. Eine Karteikarten-App, die Spaced Repetition benutzt, ist *Anki*. Du speist einfach deine Karteikarten, also das Wissen, ein, und beim Beantworten der Karten musst du angeben, wie gut du die jeweilige Frage beantworten konntest. Auf Basis dieser Angabe berechnet die App deinen perfekten Wiederholungszyklus. Jeden Tag kriegst du genau die Fragen angezeigt, die du an diesem speziellen Tag lernen solltest. Das ist keine Zauberei, sondern Wissenschaft.

### Laras Tipp

**Was du ab jetzt machen solltest – mein Tipp für dich**

Du nimmst dir den Lernstoff vor und planst bewusst, wann du ihn wiederholen möchtest. Dabei fängst du kurz nach dem ersten Lernen an, dann etwas später und so weiter. Hier kommt der clevere Teil: Je besser du einen Fakt beherrschst, desto länger lässt du dir bis zur nächsten Wiederholung Zeit. Es ist wie ein individuell zugeschnittener Trainingsplan für dein Gehirn. Probiere gerne auch Programme wie die bereits erwähnte App Anki aus, die auf Spaced Repetition basieren, dann kannst du dir ganz sicher sein, dass du die Wiederholungen zum richtigen Zeitpunkt durchgehst!

Spaced Repetition macht aus jedem Lernmoment eine Investition in die Zukunft deines Wissens. Kein Vergeuden von Zeit und Energie, nur gezieltes, effektives Auffrischen.

## Mit Karteikarten gegen den Rest der Welt

Auf den letzten Seiten hast du Active Recall und Spaced Repetition kennengelernt. Wir wissen bereits: Unser Wissen steht uns leider nicht dauerhaft zu Verfügung, sondern muss schlau wiederholt werden, damit wir es behalten. Wiederholen sollten wir aktiv und nicht passiv. Fügen wir nun diese beiden Erkenntnisse zusammen, kommen wir auf meine Lieblingslernmethode: Karteikarten! Diese kleinen Karten haben eine große Mission: Sie sollen dir helfen, Fakten und Informationen quasi in dein Gedächtnis zu tätowieren. Durch Karteikarten war ich in der Lage, den Stoff direkt in der Klausur abzurufen, und auch jetzt in meinem Jurastudium schwöre ich darauf.

**Leitner-Algorithmus**

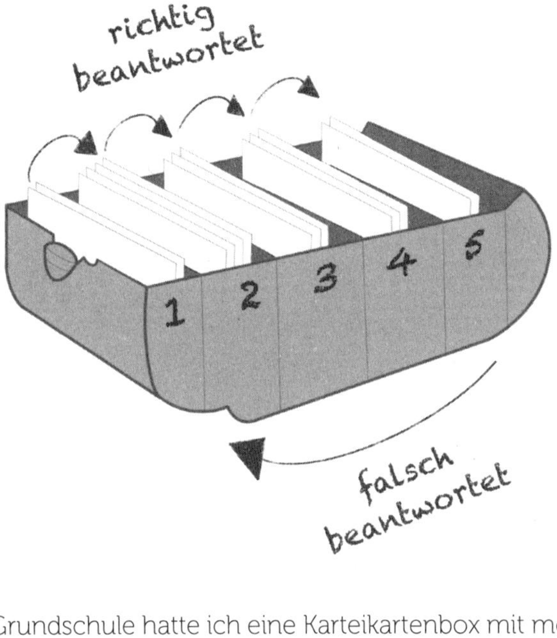


In der Grundschule hatte ich eine Karteikartenbox mit mehreren Fächern. Wenn ich eine Frage richtig beantwortet hatte, durfte sie ein Fach weiter nach hinten. Diese Box war nach dem Leitner-System aufgebaut: Es gibt fünf Wiederholungsstufen und auf jeder Stufe werden die Karten seltener wiederholt. Also während du Stufe 1 täglich abfragst, musst du Stufe 2 alle drei bis vier

Tage durchgehen. Das geht so lange, bis du bei der letzten, also fünften, Stufe angekommen bist. Ich erinnere mich echt noch zu gut an meine Karteikartenbox – mittlerweile mache ich meine Karten aber auch gerne digital, zum Beispiel mit *Anki*.

### Supermemo-Algorithmus

Die Karteikarten-App, die ich dir schon auf Seite 73 vorgestellt habe, benutzt den Supermemo-Algorithmus, der die Möglichkeiten einer Karteikartenbox sogar noch übertrifft. Er schaut sich nicht nur an, OB du eine Frage beantworten kannst, sondern WIE LEICHT es dir fällt und WIE OFT du diese Frage bereits hintereinander richtig beantworten konntest. Dementsprechend werden sich die Wiederholungen ändern.

### Karteikarten unterwegs

Karteikarten sind nicht nur super für Vokabeln, sondern für jegliches Wissen! Egal, ob abstrakt oder konkret, ob Deutsch oder Musik – alle Lerninhalte lassen sich in kleine Portionen herunterbrechen. Karteikarten sind die ultimativen Geheimwaffen, wenn es darum geht, Informationen in deinem Gehirn zu speichern.

Für mich ist es zudem ein großer Vorteil, dass man die Karten so easy durchgehen kann. Ich nehme meine Karten immer mit in die Bahn und gehe sie während der Fahrtzeit durch. Wenn ich digitale Karteikarten schreibe, habe ich sie auch stets im Handy dabei und kann sie zwischendurch mal 5 Minuten in einer Pause nutzen. Das geht bei den Karten viel einfacher, als wenn du einen ganzen Lernzettel schreiben willst.

Video: So lerne ich mit Karteikarten
https://youtu.be/M3HIOviYy1E

### Tipps & Tricks zur Erstellung von Karteikarten

**KISS-Prinzip (Keep It Simple, Student):** Halt die Informationen kurz und knapp. Wenn du eine ganze DIN-A4-Seite schreibst, wirst du das eh nicht alles aufsagen können, und das ist demotivierend. Karteikarten sind deine Gedankenstützen, nicht deine Wissensbibliothek. Eine Karte sollte wie ein Espresso sein – klein, stark und voller Energie.

**Täusch dich nicht selbst:** Wenn du eine Karte umdrehst und das Ergebnis siehst, sag nicht einfach: »Ach ja, das hätte ich gewusst.« Das Gehirn spielt gerne Streiche, also sei ehrlich zu dir selbst. Dreh die Karte erst um, wenn du eine Antwort hast! Wenn du das richtige Ergebnis gewusst hast, ist das großartig. Wenn du die Frage nicht richtig beantworten konntest, auch okay, zumindest hast du vorher versucht, einen Ansatz zu haben, und kannst nun daraus lernen, indem du diese Karte bald wiederholst.

**Mach's interaktiv:** Versuch für ein besseres Verständnis, deine Karten in einen Kontext zu bringen. Kombiniere sie, stell Verbindungen her und lass sie miteinander tanzen! Schreib dir Beispiele für Theorien auf und verknüpf das Wissen mit deinem Leben. Lernst du in Wirtschaft über Angebot und Nachfrage? Dann bezieh das auf dein Lieblingscafé um die Ecke: Was passiert denn, wenn die Preise erhöht werden oder es eine Ressourcenknappheit gibt? Solche Kontextualisierungen schaffen ein Netzwerk im Gehirn, das viel besser funktioniert als isolierte Wissensinseln.

**Mach's visuell:** Verwende Bilder oder Diagramme, um komplexe Konzepte darzustellen. Ein Bild sagt mehr als 1000 Worte, und in diesem Fall könnte es auch bedeuten, dass du dir 1000 Worte ersparst.

Wirklich: Dieses Kapitel ist soo wichtig, wenn es um Bestnoten ohne Stress geht!! Vorher verbrachte ich Stunden mit Passivlernen. Ich las die Seiten, überflog sie, dachte, ich hätte sie verstanden. Doch dann kam die Klausur und somit die Herausforderung der Wiedergabe – das aktive Abrufen von Informationen. In der Klausur stellte ich plötzlich fest, dass ich vieles vergessen beziehungsweise erst gar nicht richtig verstanden hatte!

Meine Rettung waren echt die Karteikarten. Anstatt stundenlang in Büchern zu versinken, setzte ich mich hin, formulierte Fragen zu den Schlüsselkonzepten und prägte mir die Antworten ein. Da hat sich voll der Schalter umgelegt: Ich konnte nicht nur

Informationen wiedergeben, sondern auch erklären, anwenden und verstehen. Die Karteikarten wurden zu meinem Werkzeugkasten des Wissens und jede Frage, die ich richtig beantwortete, fühlte sich an wie ein kleiner Erfolg.

Active Recall verwandelte nicht nur meine Klausurvorbereitung, sondern auch mein Verständnis der Inhalte! Die vorher unübersichtlichen Berge wurden zu gut bewältigbaren Hügeln und die Klausuren waren nicht mehr nur Prüfungen, sondern Gelegenheiten, mein erworbenes Wissen zu präsentieren. Probiere es aus und überzeug dich selbst!

Teil III

# In der Schule

## So rockst du den Unterricht!

Ich habe fast gar nie zu Hause gelernt. Ja, du hast richtig gelesen. Aber die Betonung liegt auf ZU HAUSE! Wenn ich unterwegs war, hatte ich meine Karteikarten stets dabei und habe freie Zeit und jede kleine Pause genutzt, um sie durchzugehen. Doch wie habe ich dann den ganzen anderen Stoff geübt und gelernt, der nicht auf meinen Karteikarten stand? Die Antwort lautet: im Unterricht selbst!

Statt im Unterricht nur passiv, wie in einem Kinosessel, entertained werden zu wollen, mach es umgekehrt: Geh in Aktion und spiel die Hauptrolle! Fang an, selbst zu performen. Ich habe den Unterricht zu meinem persönlichen Film gemacht, in dem ich nicht nur überlebe, sondern auch richtig glänze.

Jeder von uns hat diese Momente im Klassenzimmer erlebt: Du schaust auf die Uhr, die Minuten schleichen dahin und in deinem Kinosessel fühlst du dich wie im falschen Film, bei dem du sehnsüchtig auf das Ende wartest. Du zählst die Minuten bis zur rettenden Pause und der Gedanke an die anstehende Klausur bringt dich fast um den Verstand. Ich sage dir, wie es ist: Das muss nicht so sein.

(An der Stelle ein Shoutout zu meiner Klassenkameradin, die für jede Minute bis zur Pause einen Strich auf den Tisch gemalt hat.)

In diesem Kapitel reden wir darüber, wie du die Stunden in der Schule nicht nur überstehst, sondern sie zu deinem persönlichen Erfolg machst. Denn es gibt kleine Hacks, mit denen ich den Unterricht – und dadurch auch die Klausuren – absolut gerockt habe.

In diesem Kapitel möchte ich dir auch zeigen, wie du nicht nur Mitschüler, sondern auch Lehrer auf deine Seite ziehst. Denn glaube mir, die Beziehung zu deinen Lehrern kann ein echter Schlüssel zu guten Noten sein. Fang an, Lehrer als Freunde, nicht als Feinde zu sehen. Denn das sind sie. Diese gute Beziehung schafft nicht nur eine positive Lernatmosphäre, sondern kann auch in entscheidenden Momenten den Ausschlag geben.
Der Unterricht ist keine reine Pflichtveranstaltung, sondern auch eine großartige Chance, deine Noten aufzubessern und für die Prüfungen zu lernen. Du musst so oder so da sein, also kannst du ihn auch für dich nutzen! Ich zeige dir, wie du durch aktive Mitarbeit und intelligentes Notizenmachen deinen Lernerfolg maximierst. Und keine Sorge, ich werde dir auch erklären, wie du die Minuten bis zur Pause überstehst, ohne dabei einzunicken.
Die nachfolgenden Tipps haben mir persönlich den Weg zu den guten Noten deutlich stressfreier und angenehmer gemacht und ich bin mir sicher: Das werden sie für dich auch!

## Dein bester Freund: die mündliche Note!

Stell dir vor, du stehst in einem Saal voller Möglichkeiten – deinem Klassenzimmer. Hier, wo der Unterricht stattfindet, wo Fragen gestellt und Gedanken ausgetauscht werden. Dieser Raum ist nicht nur der Ort, an dem du Wissen aufnehmen kannst, sondern auch der Schlüssel zu einem effektiven Lernprozess. Ich verspreche dir: Durch eine aktive Mitarbeit im Unterricht musst du deutlich weniger zu Hause lernen.

**In meiner Schulzeit habe ich herausgefunden, dass die mündliche Note viel mehr ist als nur ein kleiner Prozentsatz auf dem Zeugnis. Sie ist eine Art magischer Hebel, der die Tür zu einem tieferen Verständnis des Unterrichtsstoffs öffnet und gleichzeitig den Weg zu besseren schriftlichen Noten ebnet.**

Die Grundidee ist einfach, aber kraftvoll. Aktive Beteiligung im Unterricht ist nicht nur ein Mittel, um die Minuten bis zur nächsten Pause zu überbrücken – es ist der Weg, um den Stoff zu durchdringen. Durch das Mitdenken, Fragenstellen und Diskutieren wird das Gelernte zu einem festen Bestandteil deines Wissensschatzes, der sich langfristig im Gedächtnis verankert. Dadurch, dass du aktiv mitarbeitest, merkst du dir die Dinge besser. (Du erinnerst dich an Active Recall, oder?)

Außerdem stellst du Fragen und hast dann das Thema auch grundlegend verstanden und musst in der Klausurenphase keine großen Lücken mehr schließen, sondern das Wissen nur noch wiederholen.

Stell dir vor, du stellst eine Frage und die Antwort darauf wird zu einem Puzzleteil, das nahtlos in dein bisheriges Verständnis passt. Diese Art der Interaktion schafft ein solides Fundament für zukünftige Lernschritte und reduziert den Bedarf für langwieriges Wiederholen zu Hause.

Du kennst auch sicher den Moment, wenn du etwas im Unterricht sagst, es richtig ist und du motiviert bist, weiterzumachen. Die aktive Mitarbeit verschafft Erfolgserlebnisse, und das ist motivierend. So trägt der Unterricht auch dazu bei, dass du eine positive Einstellung zum Lernen entwickelst.

Du hast das Gefühl, du zählst in der Klasse eh schon zu den »schlechten Schülern«? Auch dann funktioniert mein Prinzip!

Falls du nicht weißt, was du überhaupt sagen sollst im Unterricht oder dir unsicher bist, ob das, was du sagen willst, richtig ist: Frag bei deinem Sitznachbar nach. Außerdem kannst du auch immer bei deinem Lehrer nachhaken, wenn du zweifelst oder dir gar nichts einfällt. Das zeigt ihm nämlich auch, dass du dich bemühst und dich beteiligen möchtest. Außerdem werden deine Fragen dann direkt beantwortet.

Neben der direkten Auswirkung auf das Verständnis des Unterrichtsstoffs hat die mündliche Mitarbeit auch einen indirekten Einfluss auf deine schriftlichen Leistungen. Lehrer haben nicht nur die schriftlichen Arbeiten vor Augen, sondern auch ein Bild von dir, basierend auf deiner mündlichen Beteiligung.

In vielen Fällen war meine mündliche Leistung der entscheidende Faktor, wenn es darum ging, zwischen zwei Noten zu wählen. Wenn ich also zwischen zwei Noten stand, habe ich echt immer die bessere bekommen! Lehrer konnten anhand meiner Beteiligung erkennen, wie engagiert ich war und wie tief mein Verständnis ging. Das hat mein Zeugnis krass aufgewertet.

Stell dir mal vor, du bist Lehrer. Du siehst eine Person, die gelangweilt aus dem Fenster guckt, und eine andere Person, die aufmerksam zuhört und mitschreibt. Natürlich kann jene erste Person genauso engagiert sein, allerdings ist das für dich nicht sichtbar und daher schwieriger zu beurteilen. Der Perspektivenwechsel hat mir oft geholfen, mich zu einer Meldung zu motivieren.

Ein weiterer Vorteil der konstanten mündlichen Beteiligung ist der Ausgleichsfaktor. Jeder von uns hat mal einen schlechten Tag, eine unerwartete Klausur oder einen Moment, in dem die schriftliche Leistung nicht den eigenen Erwartungen entspricht.

Wenn jedoch die mündliche Note konstant gut ist, kannst du diesen Ausrutscher gelassener nehmen. Du gehst nicht so gestresst in eine Klausur, wenn du weißt, dass deine mündliche Leistung ein unbefriedigendes Ergebnis kompensieren kann.
Es ist wie ein strategisches Spiel, bei dem du weißt, dass du einen Joker in der Hinterhand hast.
Die mündliche Note kann als Sicherheitsnetz dienen, wenn die schriftlichen Herausforderungen zu groß erscheinen.
Insgesamt ist die mündliche Note mehr als nur ein kleines Detail auf dem Zeugnis, sie ist ein lebendiger Aspekt deiner schulischen Reise. Die aktive Teilnahme ist nicht nur der Schlüssel zu einem tieferen Verständnis, sondern auch ein Weg, um sich auf die schriftlichen Prüfungen besser vorzubereiten!
Nutze die Macht der mündlichen Note, um den Unterricht zu ownen. Die kleinen Erfolge, die du durch aktive Teilnahme erlebst, werden nicht nur deine Noten verbessern, sondern auch deine Einstellung zum Lernen positiv beeinflussen. Es ist an der Zeit, die Rolle der mündlichen Note nicht zu unterschätzen und sie als Werkzeug für deinen schulischen Erfolg zu nutzen. Also beteilige dich gerne in jedem Unterricht.

Video: Was du machen solltest, wenn du den Unterricht mal verpasst
https://youtu.be/5NTQSwYdNtM

## Lerntricks

Ich habe einen guten Trick, um den Unterricht aufzupeppen und den Stoff nachhaltig zu verankern: Geschichten und faszinierende Fakten. Diese kleine, aber mächtige Technik hat mir geholfen, auch die trockensten Themen zumindest voll okay zu finden.
In der Oberstufe hatte ich einen Lehrer, der nicht nur Fakten vortrug, sondern jedes Thema mit einer fesselnden Anekdote oder einer realen Begebenheit verband. Plötzlich bestand Mathematik nicht nur aus Zahlen, sondern wurde zu einem Puzzle mit realen Herausforderungen.
Deswegen konnte ich mir Stoff in Politik auch so gut merken! Es war einfach, die abstrakten Fakten auf die realen Politiker, die ich kenne, zu beziehen. Inmitten von Lehrbüchern und Notizen kannst du leicht den roten Faden verlieren. Doch eine Geschichte, persönlich erlebt oder geschickt eingeflochten, ist easy zu merken. Der Stoff wird so greifbar und ich erinnere mich bis heute an viele dieser Geschichten.
**Eine Freundin von mir bezieht ihren Unterrichtsstoff immer auf ihre Lieblingsserien!** Also wenn in Deutsch ein Phänomen in der Kommunikation erklärt wird, stellt sie sich vor, wie das auf ihre Lieblingscharaktere passt. Sie fragt sich dann, ob die Protagonistin auch so mit ihrem Freund kommuniziert und wann das geschieht.

Ein gut platziertes Faktum kann den Unterricht in ein Abenteuer verwandeln. Eine kuriose Tatsache, ein erstaunliches Experiment oder ein historisches Ereignis können den Lernstoff auflockern.

In Biologie lernten wir beispielsweise über die Vielfalt der Pflanzen. Mein Lehrer brachte das Thema zum Leben, indem er uns erzählte, wie klug einige Pflanzen sind, die Insekten anlocken, um sie dann als Nahrungsquelle zu nutzen. So was, auch wenn es banal ist, machte das Lernen nicht nur unterhaltsam, sondern half mir auch, die Konzepte besser zu verstehen.
Lass uns eine Brücke zwischen abstraktem Wissen und der realen Welt schlagen!

## Die richtigen Notizen

Kennst du das auch, wenn du für eine Klausur lernen musst, du also vor deinen Notizen sitzt und dich fragst, ob das Chaos auf dem Papier dir wirklich helfen wird? Willst du wissen, wie ich es gemacht habe? Um Zeit zu sparen, sollten meine Notizen immer direkt wie meine persönlichen Lernzettel sein – kein unnötiges Zeug, nur das Wesentliche, alles strukturiert, was ich sofort zum Lernen nutzen konnte.
Lass uns gleich mit einem Gamechanger starten ...

### Organisiere dich!

### So geht es analog

1. Besorg dir einen Ordner mit Trennern für jedes Fach und zur Abgrenzung der Themen.
2. Sortiere alle Blätter nach Themen und Unterthemen ein und trenn diese mithilfe von Trennblättern.

In Mathe kann es zum Beispiel so aussehen:
Thema 1: Analysis (Thema) – Nullstellen (Unterthema)
In diesem Bereich heftest du alle Notizen zu Nullstellen ab! Egal, ob es um Substitution, Ausklammern oder Polynomdivision geht. So weißt du sofort, wo du gucken musst, wenn eine Aufgabe zur Nullstellenberechnung kommt!

## So geht es digital

1. Lade dir eine Notizapp herunter (Ich habe *Goodnotes* benutzt. Dort kannst du Ordner, Unterordner und Notizen erstellen. Das finde ich ziemlich cool, denn man schreibt mit einem Stift wie auf echtem Papier, nur ist alles digital, zum Beispiel auf dem Tablet oder Handy gespeichert.)
2. Erstelle einen Ordner pro Fach.
3. Erstelle Unterordner für jedes Unterthema wie bei dem analogen System.

Stell dir das vor wie die geordneten Schubladen eines gut sortierten Werkzeugkastens. Du willst nicht stundenlang nach dem passenden Schraubenzieher suchen, oder? Genauso wenig willst du in Mathe zwischen der Kettenregel, der Produktregel und was es nicht alles gibt, hin- und herblättern, wenn du eine Aufgabe zur Ableitung lösen willst. Deshalb gibt es den großen Ordner oder ein Dokument, in dem alle diese Themen zusammengefasst sind. Wenn dann eine Aufgabe zu Ableitungen ansteht, brauchst du nicht Tausende Blätter durchforsten – sondern du weißt sofort, wo's langgeht.
Also: ein Dokument pro Thema! Nicht pro Stunde!
Kleiner Hack: Leg für jedes Fach ein Extradokument oder Extra-

blatt an. Das wird sozusagen deine Master-Übersicht über alle behandelten Themen.

**Markiere Schwerpunkte, notiere dir, wenn der Lehrer mit einem zwinkernden Auge sagt, dass eine Sache besonders klausurrelevant ist. Du könntest sogar Buchseiten oder andere Referenzen dazuschreiben. Wenn dann die Klausurenphase ansteht, weißt du genau, was Sache ist.**

Mit dieser Taktik war ich immer bestens auf die Klausuren vorbereitet. Ich wusste genau, welches Wissen gerade an der Reihe war. Und das Beste? Kein Stress, weil alles an seinem Platz war.

Es gibt verschiedene Arten, deine Notizen anzufertigen. Eine bekannte Methode, die ich dir gleich vorstellen werde, ist die Cornell-Methode. Dieses Prinzip, benannt nach der renommierten Cornell University, ist ziemlich populär.

Und so geht's!

### Organisierte Aufteilung für beide Varianten

Beginne deine Seite mit einer klaren Struktur. Die linke, schmale Spalte dient als Platz für Schlüsselbegriffe oder Fragen. Die rechte, breitere Seite ist der Hauptbereich für alle wichtigen Informationen und Details. Am unteren Rand hast du Platz für eine Zusammenfassung.

- **Links:** Die linke Spalte ist wie ein Navigationssystem für deine Gedanken. Hier notierst du Fragen oder Schlüsselbegriffe, die dir helfen, den roten Faden zu behalten.
- **Mitte:** Der größte Abschnitt rechts ist das Kernstück. Hier fließen alle wesentlichen Informationen, Details und Beispiele zusammen.

- **Unten:** Der untere Bereich ist der krönende Abschluss. Hier erstellst du eine kurze Zusammenfassung deiner Notizen Das rundet dein Verständnis ab.

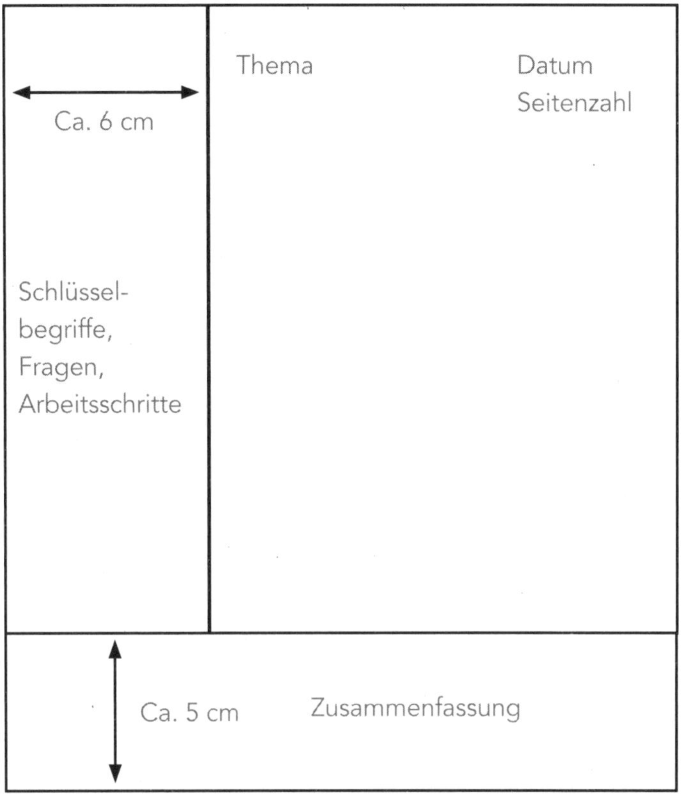


Die strukturierte Natur der Cornell-Methode ordnet meine Gedanken immer gut. Der klare Überblick über Schlüsselbegriffe auf der linken Seite erleichtert mir das Navigieren durch die Mitschriften.

Ein weiterer großer Pluspunkt ist die Effizienz bei der Prüfungsvorbereitung. Da alle wichtigen Informationen und Details bereits auf der rechten Seite festgehalten sind, sparst du dir wertvolle Zeit beim Durchgehen deiner Notizen.

Die Methode ermöglicht auch einen effizienten Rückblick. Beim Nachlesen deiner Notizen wird dir sofort klar, welche Bereiche besonders wichtig sind. Es ist, als ob die relevanten Informationen herausstechen und auf dich warten, um direkt wiederholt zu werden.

Die Cornell-Methode ist sehr wirksam, erfordert aber ein gewisses Maß an Disziplin. Das Festhalten an der klaren Struktur und das regelmäßige Aktualisieren der Zusammenfassung brauchen Engagement und bedeuten einen größeren Zeitaufwand. Zu Beginn kann es etwas länger dauern, bis du dich an die Methode gewöhnt und einen reibungslosen Workflow entwickelt hast. Wenn sie dich davon abhält, Notizen zu machen, und sie für dich nicht funktioniert, benutze ruhig ein anderes System!

### Laras Tipp

Formuliere Fragen! Stell dir deine Lernunterlagen wie einen Dialog vor – bereite dich darauf vor, aufkommende Fragen zu beantworten. Notiere dir gezielt Fragen, seien es solche, die der Lehrer im Unterricht stellt, oder solche, die sich während des Lernens für dich ergeben. In der Klausur wirst du immer Fragen beantworten müssen und mit dieser Methode bist du bestens auf die Prüfung vorbereitet.

## Gestaltung

Unabhängig von deiner Lieblingsmethode empfiehlt es sich, übersichtliche und strukturierte Notizen zu erstellen. Das erreichst du durch geschickte Verwendung von Überschriften, Variation der Textdicken und den Einsatz von Farbsystemen! Das Ziel ist, dass schon beim ersten Blick eine klare Struktur und Ordnung für dich erkennbar sind.

Ich benutze gerne Farben. Zum Beispiel können blaue Markierungen für Vokabeln und Fachbegriffe stehen, die besonders hervorgehoben werden sollen. Grüne Markierungen eignen sich gut für das Kennzeichnen neuer Theorien, während rote Markierungen Argumente oder relevante Punkte betonen. Lila kann für Fakten reserviert werden, die besonders im Gedächtnis bleiben sollen.

Dieses farbliche Codierungssystem erleichtert nicht nur die Navigation durch die Notizen, sondern macht den Lernprozess auch ansprechend und unterhaltsam! So lernt man viel lieber. Ich persönlich finde, dass diese kreative Herangehensweise nicht nur zur Effizienz bei der Vorbereitung auf Klausuren beiträgt, sondern den gesamten Lernprozess angenehmer und interessanter macht.

Aber Achtung: Der Glaube, man müsste seine Notizen super ästhetisch gestalten und Stunden in eine schöne Überschrift investieren, ist ein Mythos! Darum geht es nicht. Ich ermutige dazu, bei der Gestaltung von Notizen kreativ zu sein und persönliche Elemente einzubringen, aber nicht zu viel Zeit dadurch zu verlieren. Der Inhalt ist das Wichtigste und alles, was dir hilft, ihn strukturierter zu gestalten, ist super!

**Laras Extra-Tipp**

Verwende effektive Abkürzungen, um Zeit zu sparen und schnell auf relevante Informationen zuzugreifen. Achte dabei jedoch darauf, dass deine Abkürzungen klar und eindeutig sind, um Verwirrung beim späteren Lernen zu vermeiden.

## *Choose your fighter!* Lehrer, Kleidung, Selbstbewusstsein

Als Abschlussprojekt für unsere Abizeit machten wir ein Abibuch. Darin gab es diese klassischen Rankings: »Fehlstundenkönig«, »Süßestes Pärchen«, »Kommt immer zu spät« – du kennst sie sicherlich. Ich wurde darin unter anderem als »Lehrerliebling« auf Platz 1 gewählt.

Video: Mein Abibuch
https://youtu.be/oopScGVs7ak

»War ja klar … Streberin halt«, magst du vielleicht denken. Doch wie ich bereits zu Beginn erwähnt habe, war ich nie diejenige, die den Lehrern die Tasche getragen oder sich extra eingeschleimt hat. Was mich tatsächlich von den meisten abhob und meine Schulzeit deutlich angenehmer gestaltete, war etwas anderes:

Ich habe die Lehrer nicht als Feinde, sondern als »Freunde« gesehen.

**Lehrer wollen grundsätzlich helfen und ich habe immer versucht, diese Hilfe anzunehmen.**

Und ein cooler Nebeneffekt: Diese Einstellung spiegelte sich auch in meinen Noten wider. Schließlich sind es genau diese Lehrer, die die Klausuren erstellen und korrigieren. Wenn man also ihre Schwerpunkte zu einem Thema genau kennt, wird man auch in der Klausur Glück haben! Versuch, deine Lehrer zu verstehen und sie als Unterstützer zu sehen. Keine Sorge, wenn du jetzt noch keine Ahnung hast, wie das aussieht – dazu kommen in diesem Kapitel noch viele Details.

Allein die Veränderung des Mindsets kann viel bewirken. Wenn du mit der Überzeugung in den Unterricht gehst, dass Lehrer dir helfen, fühlt sich die Schule angenehmer an und du beteiligst dich gerne am Unterricht. Und über die Vorteile der aktiven mündlichen Beteiligung haben wir ja bereits gesprochen.

Apropos Mindset: Wusstest du, dass die Art, wie du dich kleidest und präsentierst, einen enormen Unterschied für deine Noten machen kann?

In diesem Kapitel werden wir herausfinden, wie du in den Augen deiner Lehrer und dadurch auch in den Klausuren glänzen kannst.

## Lehrer sind menschlich

In meinem Deutschunterricht sollten wir uns mal mit literarischen Klassikern auseinandersetzen. Unsere Lehrerin war ein großer Fan von Romanen des 19. Jahrhunderts und betrachtete sie als Höhepunkt der Literatur. Als es darum ging, eigene Interpretationen zu schreiben, setzte ich mich mit einem Roman des 19. Jahrhunderts auseinander und gab mein Bestes, meine Gedanken und Ideen klar darzulegen.

Als ich meine Interpretation vorstellte, erhielt ich ein erstaunlich positives Feedback. Juhu! Die Lehrerin lobte meine »frische Perspektive« und meine Fähigkeit, »traditionelle Werke zeitgemäß zu interpretieren«.

Gleichzeitig hatte meine Klassenkameradin ihre Analyse zu einem zeitgenössischen Roman präsentiert. Obwohl ihre Interpretation tiefsinnig und gut durchdacht war, erhielt sie weniger enthusiastisches Feedback mit der Bemerkung: »Solide Arbeit, aber es fehlt ein wenig an der Tiefe, die wir in den klassischen Meisterwerken finden.« Ich war schockiert!! Diese Situation hat mir gezeigt, dass selbst bei dem Versuch, objektiv zu bewerten, persönliche Vorlieben eines Lehrers einen Einfluss auf die Bewertung haben können! So krass, aber so funktioniert nun mal das System Schule. Lehrer sind auch nur Menschen.

Lehrer sind nicht nur Wissensvermittler, sondern gehören zu deinem Team. Sie haben ihre eigene Perspektive, Präferenzen und Erfahrungen. Daher ist es wichtig zu verstehen, dass die Bewertung von Klausuren teilweise subjektiv sein kann. Subjektiv heißt nicht falsch oder unsachlich. Manche Lehrer mögen bestimmte Herangehensweisen oder Ausdrucksweisen mehr als andere. Das bedeutet nicht, dass es eine »richtige« oder »falsche« Art gibt, sondern eher, dass verschiedene Lehrer unterschiedliche Schwerpunkte setzen.

Achte also immer darauf, ob dein Lehrer bestimmte Anekdoten erzählt, auf welche Beispiele er zurückgreift und welche

Schwerpunkte er in seinem Unterricht setzt. Vielleicht zitiert er auch eine bestimmte Person – dann würde ich etwas zu dieser Person recherchieren und dieses Wissen in der Klausur einfließen lassen.

Es ist nicht ungewöhnlich, dass persönliche Vorlieben oder Antipathien in die Bewertung einfließen. Dies kann sich auf die Art und Weise auswirken, wie Antworten interpretiert oder Stilpräferenzen bewertet werden. Die menschliche Komponente im Lehrer-Schüler-Verhältnis macht den Schulalltag bunter, aber es ist auch wichtig, dies bei der Prüfungsvorbereitung im Hinterkopf zu behalten. Daher ist es sinnvoll, nicht nur den Stoff, sondern auch die individuellen Lehrerpräferenzen zu berücksichtigen. Das ist manchmal unfair, aber wenn du davon weißt, kann es auch dein Ass im Ärmel sein.

### Laras Tipp

- **Zeige Eigeninitiative:** Geh über den Lehrplan hinaus und zeige Eigeninitiative in Bezug auf das Lernen. Ich habe ein paar Mal mit meinen Lehrern über Bücher geredet. Weil es mich wirklich interessiert hat! Ich kann es zwar nicht mit Gewissheit sagen, aber bestimmt zeigte das den Lehrern, dass ich wirklich interessiert und motiviert bin.
- **Aktive Teilnahme:** Nimm am Unterricht teil, stell Fragen und zeige Interesse. Lehrer schätzen Schüler, die sich engagieren und zeigen, dass sie wirklich lernen wollen.

- **Such Hilfe:** Wenn du Schwierigkeiten mit einem Thema hast, zögere nicht, um Hilfe zu bitten. Lehrer sind da, um zu unterstützen, und sie werden deine Initiative schätzen.
- **Reflektiere und verbessere:** Wenn du Feedback von Lehrern erhältst, nimm es an und versuch, dich zu verbessern. Lehrer schätzen Schüler, die bereit sind, an sich zu arbeiten.
- **Respektvolles Verhalten:** Sei respektvoll und höflich, nicht nur zu den Lehrern, sondern auch zu deinen Mitschülern. Ein respektvolles Verhalten wird positiv wahrgenommen!

### *Dress how you want to be addressed*

»Lara, du siehst immer aus, als wärst du auf dem Weg zu einem wichtigen Business-Meeting«, bekam ich einmal in der Sportumkleide zu hören, während wir uns für den nächsten Unterricht umzogen. Und es stimmt: Mit dem Älterwerden änderte sich auch mein Kleidungsstil in der Oberstufe. Ich wurde zum Fan von Outfits, die man vielleicht als »Academic Preppy« oder »Old Money« beschreiben würde – Blusen, Röcke, Hemden ... Und das Interessante dabei: **Ich fühlte mich besser. Professioneller. Ich traute mich mehr, mich zu beteiligen, mich zu melden.**

Indem du dich gezielt in einem professionellen Outfit kleidest, sendest du nicht nur äußerlich, sondern auch innerlich Signale aus. Die äußere Darstellung kann dazu beitragen, dass sich diese Eigenschaften im Laufe der Zeit in dein eigenes Selbstbild integrieren.

Ein professionelles Outfit hat die Kraft, dich in einen bestimmten Modus zu versetzen. Es kann dir helfen, dich auf eine wichtige Präsentation, ein Vorstellungsgespräch oder eine andere anspruchsvolle Situation vorzubereiten. Der bewusste Akt des Anziehens eines solchen Outfits kann dir das Gefühl von Kontrolle und Selbstsicherheit geben.

Das Ganze führt dann zu einem positiven Feedbackkreis, da eine selbstbewusste Präsentation oft auch positive Reaktionen hervorruft. Also wirst du immer selbstbewusster!

Meine Kleidung ist für mich eine Art Statement, das meine innere Einstellung widerspiegelt. Natürlich trage ich zu Hause gerne bequeme Kleidung und hin und wieder auch mal eine Jogginghose. Das ist der entspannte Freizeit-Look, den ich in der Schule nicht haben wollte.

Noch interessanter war aber, wie die Lehrer mich wahrnahmen. Denn wie bereits erwähnt ist es unvermeidlich, dass Lehrer sich ein Bild von dir machen. Also lass sie ein gutes Bild von dir haben! Dieser kleine Stilwandel hatte überraschend große Auswirkungen. Menschen neigen dazu, visuelle Eindrücke mit bestimmten Persönlichkeitsmerkmalen zu verbinden. In meinem neuen, etwas schickeren Stil sahen mich die Lehrer möglicherweise als engagierter, fokussierter und bereit, mich aktiv am Unterricht zu beteiligen. Es war, als ob meine Kleidung eine Brücke zwischen meinem Selbstbewusstsein und der Außenwelt schlug. Das Ganze mag oberflächlich erscheinen, aber die Realität ist, dass der erste Eindruck zählt. Deine Lehrer werden sich an dich erinnern – nicht nur aufgrund deiner Leistungen, sondern auch wegen des Bildes, das du abgibst. Also warum nicht sicherstellen, dass es ein positives Bild ist?

Klar, zu Hause kann ich mich in gemütlichen Klamotten entspannen, aber in der Schule wollte ich meine beste Version präsentieren.

**Es geht nicht darum, sich zu verstellen oder eine Rolle zu spielen, sondern darum, wie deine Kleidung deine Persönlichkeit unterstreicht.**

Wichtig dabei ist: Authentizität ist der Schlüssel. Deine Kleidung soll authentisch zeigen und unterstreichen, wer du bist. Nicht umgekehrt.

**Dein Style sollte DICH repräsentieren.**

Es mag banal erscheinen, aber das Bewusstsein für deinen persönlichen Stil kann tatsächlich dazu beitragen, dein Selbstbewusstsein zu stärken und positive Signale an die Welt um dich herum zu senden. Es geht nicht darum, oberflächlich zu sein, sondern darum, wie du dich durch deine Kleidung ausdrücken kannst. Wer hätte gedacht, dass ein Cardigan so viel bewirken kann?

Ich möchte dir eine kleine Anekdote erzählen über eine Geschichte, die wir mal in der Schule behandelt haben. Und zwar die Novelle *Kleider machen Leute* von Gottfried Keller, in der es um einen Schneidergesellen namens Wenzel Strapinski geht. Obwohl er nicht viel Geld hat, kleidet er sich immer schick. Als er in eine neue Stadt kommt, denken die Leute wegen seiner Kleidung, dass er ein Graf aus Polen sei. Statt das Missverständnis aufzuklären, spielt er mit und versucht, sich aus der Situation zu retten. Aber dann verliebt er sich in die Tochter eines angesehenen Bürgers. Um ihr zu imponieren, bleibt er in der Rolle des Grafen. Doch ein eifersüchtiger Rivale versucht, den Schwindel aufzudecken. Das führt zu einem Skandal auf der Verlobungsfeier. Strapinski flieht, aber seine Verlobte findet ihn rechtzeitig und rettet ihn. Als sie erkennt, dass seine Liebe echt ist, bleibt sie bei ihm. Mit ihrem Geld gründet der Schneider ein erfolgreiches Atelier und wird reich und glücklich. Ich finde, die Geschichte zeigt, wie wichtig es ist, wie man sich kleidet, und dass man durch die richtige Kleidung oft weiterkommt!

Teil IV

# Die optimale Prüfungsvorbereitung

# Wer weniger lernt, lernt mehr

Oh Mann, in meiner Abiturzeit habe ich auf TikTok viele Videos von anderen Schülern gesehen, die meinten, sie würden täglich 10 Stunden lernen. Das hat mich echt verrückt gemacht. Ich finde diese Videos generell fraglich, weil ich mich wundere, wie effektiv diese 10 Stunden tatsächlich sind.

Wer weniger (und besser) lernt, lernt mehr. Ohne Witz.

Wenn du vor dem ganzen Lernstoff, Aufgaben und Klausurvorbereitungen sitzt, scheint die Idee, weniger zu lernen, paradox, oder? Aber wirklich: Es gibt einen Weg, effektiver zu lernen und dabei weniger Zeit vor den Büchern zu verbringen! Mit den richtigen Lernmethoden.

In einer Welt, in der Quantität oft mit Qualität verwechselt wird, wollen wir uns der Kunst des gezielten Lernens widmen.

Was bringt es uns, mehrere Stunden am Tag in ein Buch zu starren, aber wenig mitzunehmen? Lieber gestalten wir die Lernsessions schlauer, dann werden sie natürlich herausfordernder, aber auch kürzer.

Die Idee ist nicht, weniger Wissen zu erwerben, sondern effektiver zu lernen, um mehr zu behalten.

**Achte darauf, WIE du lernst!**

Die Wahl der richtigen Lernmethoden kann den entscheidenden Unterschied zwischen oberflächlichem Verständnis und tiefer Einsicht ausmachen. Ich habe in kürzerer Zeit nicht weniger Wissen erworben, ich habe die Lernzeit aber optimal genutzt und dadurch Zeit gespart.

Versteh den Titel dieses Kapitels bitte nicht falsch: Hier geht es nicht darum, Wissen zu reduzieren, sondern es auf eine kluge, konzentrierte Weise zu erwerben und zu behalten. Wir werden den herkömmlichen Ansatz des stumpfen Auswendiglernens hinterfragen und uns auf Methoden konzentrieren, die nicht nur das Lernen erleichtern, sondern auch die Zeit vor den Büchern verkürzen.

Und ganz wichtig: **Du lernst in der Oberstufe nicht nur für die jeweilige Klausur. Du lernst für das Abitur.** Genau das Wissen, welches du in den zwei Jahren Oberstufe erwirbst, ist das Wissen, das im Abitur gefragt sein wird. Es wäre also super, einen Weg zu finden, die Inhalte die Jahre im Gedächtnis zu behalten. *Let's go*, wir gucken uns Methoden an, mit denen wir effektiv lernen, die Lernsessions witziger gestalten und den Stoff langfristig behalten.

## Prüfungsnah lernen

»Ich habe so viel gelernt, aber in der Prüfung konnte ich nichts!« Diesen Satz habe ich schon oft gehört. Und das ändern wir jetzt! Ein großer Fehler beim Lernen ist es, nur das abstrakte Wissen aufzunehmen und dieses nie konkret anzuwenden. Denn das stumpfe Abfragen bringt in der Oberstufe leider nicht mehr die volle Punktzahl. Du musst das Wissen anwenden können.

Stell dir vor, du bereitest dich auf deine Biologieklausur vor. Du könntest Stunden damit verbringen, alle Fakten über die Zellorganellen auswendig zu lernen. Du kennst zum Beispiel die Funktionen des endoplasmatischen Retikulums, der Mitochondrien und der Ribosomen im Detail. Doch die Klausur fragt nicht einfach nach den Funktionen der Organelle, sondern wie sich ihre Zusammenarbeit auf einen bestimmten zellulären Prozess auswirkt.

Siehst du: Die Anwendung wird gefragt, nicht nur erlernte Fakten.

Hier kommen wir zum Konzept des »prüfungsnahen Lernens« – einer Methode, die dir helfen kann, das Beste aus deinem Wissen herauszuholen, wenn es darauf ankommt.

Prüfungen verlangen oft mehr als nur das Wissen über ein Fachgebiet. Sie erfordern eine spezifische Herangehensweise, um Fragen zu verstehen, effektiv zu antworten und das geforderte Wissen zu demonstrieren. Prüfungsnahes Lernen bedeutet, diese spezifischen Anforderungen zu erkennen und in deine Vorbereitung einzubeziehen.

Klingt erst mal ein wenig kompliziert, aber stell dir zum Beispiel vor, Fußball zu spielen, ohne jemals Tore zu schießen. Das ist ja Quatsch. Das Training sollte sich darauf konzentrieren, genau das zu üben, was in der Prüfung gefragt ist!

### Laras Tipp

Arbeite mit vergangenen Prüfungsaufgaben oder simulierten Tests (diese bekommst du im Internet, von Lehrern oder Mitschülern), um die Struktur und den Stil der Fragen zu verstehen. Dadurch gewinnst du nicht nur Vertrautheit, sondern kannst auch Strategien entwickeln, um effizienter zu antworten.

Um auf unser Biologie-Beispiel zurückzukommen: Hättest du direkt prüfungsnah gelernt und genau die Aufgaben aus der Klausur, also Transferaufgaben geübt, hättest du erkannt, dass es nicht nur darum geht, die Fakten zu kennen, sondern sie in einem Kontext zu verstehen und anzuwenden.

In deiner Vorbereitung hättest du auch Zeitmanagement geübt, um sicherzustellen, dass du alle Teile der Frage bearbeiten kannst. Du wärst vertraut mit der Art der Formulierung in den Prüfungen und hättest Strategien entwickelt, um präzise und dennoch umfassend zu antworten.

Eine der größten Herausforderungen in Prüfungen war bei meinen Freunden und mir nämlich oft die begrenzte Zeit. Setz dir realistische Zeitlimits für Übungen, um ein Gespür dafür zu bekommen, wie viel Zeit du für jede Frage aufwenden kannst. Dies hilft, Panik zu vermeiden und sicherzustellen, dass du alle Teile der Prüfung abdeckst.

Oh, und ganz wichtig: **Stell sicher, dass du nicht nur die Antworten kennst, sondern auch verstehst, warum sie korrekt sind!** Dies ermöglicht es dir, flexibler auf unterschiedliche Formulierungen oder Kontexte in den Prüfungsfragen zu reagieren. Denn in der Klausur werden wahrscheinlich leider nie genau die Aufgaben drankommen, die du zuvor geübt hast.

Ich habe auch öfter mal Probeklausuren dem Lehrer abgegeben oder Freunde drüberlesen lassen. Man kann auch easy den Lehrer oder ältere Schüler nach Altklausuren fragen und dann in den Erwartungshorizont (damit ist die Musterlösung gemeint, die die Lehrer zur Korrektur benutzen) gucken! Regelmäßige Selbstbewertung ist ein entscheidender Bestandteil des prüfungsnahen Lernens. Überprüfe deine Antworten kritisch, identifiziere Schwachstellen und arbeite gezielt daran! Dieser Prozess half mir nicht nur bei der Vorbereitung, sondern steigerte auch mein Selbstvertrauen.

**Stumpfes Auswendiglernen hat dich vielleicht in der Mittelstufe durchgebracht, aber in der Oberstufe ist die Anwendung des Wissens entscheidend.**

Und so gehst du in die Biologieklausur nicht nur mit einem Arsenal an Fakten, sondern mit der Fähigkeit, dein Wissen in unterschiedlichen Kontexten zu nutzen. Das ist der Unterschied zwischen jemandem, der nur weiß, und jemandem, der versteht und anwenden kann.

Mit dieser Lernroutine kannst du nicht nur Prüfungen meistern, sondern auch langfristig von deinem Wissen profitieren. Du schaffst das!

## Schwächen in Stärken umwandeln

Ich mochte Mathe nie! Wirklich, ich war nie ein Fan von Mathematik, sondern eher interessiert an Sprachen und Gesellschaftswissenschaften. Also habe ich auch immer lieber für Englisch, Spanisch oder Politik gelernt. Aber was bringt es mir, ein Thema noch mal durchzugehen, das ich schon gut kann, anstatt mich der Matheaufgabe zu stellen, die ich noch üben muss?!

**Dinge zu lernen, die ich schon kann, lässt mich zwar gut fühlen, ist aber superineffektiv.**

In der Welt des Lernens wird oft der Fokus darauf gelegt, Stärken zu entwickeln und bereits Gelerntes zu festigen, was auch total Sinn ergibt. Denn so hebst du dich von anderen ab und wirst Experte auf einem Gebiet, das dir liegt. Doch was wäre, wenn wir uns darauf konzentrieren würden, auf unsere Schwächen konzentriert zu lernen? Schwächenbasiertes Lernen ist ein Ansatz, der unsere Wissenslücken schließt und uns eine robuste Grundlage bietet.

Der erste Schritt auf dem Weg zur Umwandlung von Schwächen in Stärken ist die klare Identifikation der Bereiche, in denen wir Schwierigkeiten haben. Also bei mir Mathe. Das bedeutet auch, ehrlich zu dir selbst zu sein und zu reflektieren, welche Themen oder Fähigkeiten dich herausfordern. Vielleicht ist es bei dir auch Mathe, vielleicht aber auch eine fremde Sprache oder das Verfassen von Texten.

Nachdem wir unsere Schwächen erkannt haben, geht es darum, die Ursachen zu verstehen. Liegt das Problem an fehlendem Grundverständnis, an mangelnder Übung oder an einer spezifischen Schwierigkeit im Lernprozess? Hier können zum Beispiel Lehrer, Mitschüler oder Online-Ressourcen Hilfe bieten.

Entwickle dann gezielte Strategien, um diese Schwächen zu überwinden. Ich habe zum Beispiel zusätzliche Übungen gemacht, bin Lerngruppen beigetreten und habe versucht, den Mathestoff anders zu erfassen.

Das schwächenbasierte Lernen sieht Schwächen nicht als Hindernisse, sondern als Chancen zur Weiterentwicklung. Es ist im Abitur super, wenn du in allen Fächern eine feste Grundlage hast und nicht nur in bestimmten Bereichen glänzt. Das hat bei mir zumindest auch das Stresslevel enorm reduziert.

Integriere gezielt Elemente in deinen Lernprozess, die deine Schwächen herausfordern. Wenn es um das Beherrschen von

Vokabeln geht, könnte das bedeuten, dass du dich täglich mit neuen Begriffen auseinandersetzt. Jeden Tag in der Bahn auf dem Weg zur Schule 10 Minuten Vokabeln durchgehen – wie wäre das? Ich habe zum Beispiel zusätzliche Matheübungen in meinen Wochenplan aufgenommen.

Schwächen sind nicht schlimm. Wir alle haben sie. Trau dich, dich ihnen zu stellen! Nicht hinter ihnen verstecken, das Mathebuch in die hinterste Ecke deines Zimmers werfen, in der Hoffnung, so würdest du Mathe überwinden. Nein, das tust du leider nicht. Es geht dir viel besser, wenn du es schaffst, deine Schwächen anzugehen.

Schwächen sind nicht nur unangenehme Herausforderungen, sondern auch gute Möglichkeiten, unsere eigenen Grenzen etwas zu erweitern und uns zu wissbegierigen, flexiblen Lernenden zu entwickeln.

## Das Wissen auskotzen, echt jetzt?

In der Oberstufe, in einer Wirtschaftsklausur, hatte ich eine dieser typischen Blackout-Situationen. Beim Lesen der Fragen erstarrte mein Gehirn. Die Antworten schienen sich in dunklen Ecken meines Gedächtnisses zu verstecken. Frustriert und ein wenig verzweifelt entschied ich mich spontan dazu, noch mal alle Schwerpunkte und Unterthemen, die wir zuvor im Unterricht behandelt hatten, im Kopf durchzugehen und auf mein Blatt aufzuschreiben. Zu meiner Überraschung flossen die Informationen plötzlich reibungslos und ich konnte Verbindungen zwischen den Fragen und den Themen herstellen. Das war mein erster Kontakt mit

dem Blurting, einer Methode, die spontanes und freies Denken in den Vordergrund stellt.
Der Begriff »Blurting« stammt vom englischen Wort *to blurt out*, was so viel bedeutet wie etwas unüberlegt herausplatzen lassen. In der Lernwelt bedeutet es, sein Wissen auf spontane und ungefilterte Weise zu präsentieren.
Mittlerweile liebe ich diese Methode und habe sie wirklich für jeden Test beim Lernen zu Hause benutzt.

### Wie funktioniert die Blurting-Methode?

- **Wissenscheck:** Bevor du mit dem eigentlichen Blurting beginnst, mach einen kurzen Wissenscheck zu dem Thema, das du lernen möchtest. Du gehst alle grundlegenden Konzepte durch und guckst deine Notizen oder Lernzettel an.
- **Freie Assoziation:** Setz dich an einen ruhigen Ort ohne Ablenkungen. Beginne dann, laut und spontan alles zu sagen oder aufzuschreiben, was dir zu dem Thema in den Sinn kommt. Es spielt keine Rolle, ob es perfekt formuliert ist oder nicht.
- **Selbstbewertung:** Nach dem Blurting bewertest du selbst, was du gesagt hast! Hol deine Notizen raus und kontrolliere dich selbst. Identifiziere die Kernpunkte, die korrekten Informationen und die Bereiche, in denen du unsicher warst.
- Und dann wiederholst du den Prozess, bis du alles kannst.

Die Effektivität der Blurting-Methode gründet sich auf mehreren entscheidenden Aspekten. Durch das laute Aussprechen oder freie Aufschreiben von Informationen forderst du dein Gehirn heraus, das Wissen aktiv abzurufen. Das zwingt dich, über das Gelernte nachzudenken und es in eigenen Worten wiederzugeben. Du weißt: Active Recall ;)

Darüber hinaus fördert die freie Assoziation beim Blurting spontanes und ungefiltertes Denken. Der Druck, perfekt formulierte Sätze zu produzieren, wird bewusst reduziert. Stattdessen liegt der Fokus auf der unmittelbaren Wiedergabe von Gedanken und Informationen. Die Hürde, mit dem Lernen anzufangen, wird verringert.

Ein großer Pluspunkt: Es ist supereasy! Du brauchst nur deine Notizen und im besten Fall ein leeres Blatt, auf dem du deine Gedanken notierst.

### Laras Tipp

Setz dir am besten ein Zeitlimit fürs Bearbeiten der Probeaufgaben. Stell dir deinen Timer oder Wecker (Dauer: so lange, wie die echte Klausur wäre!). So lernst du direkt unter Zeitdruck, wie es auch in der echten Klausur sein wird. Prüfungsnah lernen ist hier wieder das Stichwort.

*Be smart!* Um noch mal auf mein Beispiel mit dem Blackout von oben zurückzukommen: Dieser Tipp ist so ein Gamechanger im Matheabi für mich gewesen. Die Aufgaben dort waren verschachtelt und teilweise schwer zu verstehen. Ich wusste gar nicht, was die Klausur von mir wollte! Ich wusste aber, dass ich ein Schema benutzen musste, das ich auf jeden Fall kenne. Dann bin ich einfach alle Themen im Kopf durchgegangen und habe realisiert, dass die Aufgabenstellung einer Aufgabenstellung für eine »Extremalaufgabe« bzw. Extremwertaufgabe sehr ähnelt, und habe dieses Schema angewandt. Bestimmt hilft dir diese Strategie auch!

## Wie Lernen Spaß macht

Hier kommen meine Lieblingsmethoden, die garantiert Spaß machen!

### Mindmaps

Für meine mündliche Abiturprüfung in Spanisch (für die ich übrigens 15 Punkte bekommen habe) habe ich mit Mindmaps gelernt.

Mindmaps sind wie das Gehirn selbst – voller Verknüpfungen und Kreativität. Die Idee ist einfach: Du startest mit einem zentralen Thema in der Mitte der Seite und zeichnest Äste für die Hauptgedanken. Diese verzweigen sich weiter in Untergedanken und schon bald hast du eine visuelle Landkarte deines Wissens.

Es hat voll Spaß gemacht, die Inhalte mit Farben und Bildern darzustellen. Der zentrale Punkt in meiner Mindmap war das Leben in Lateinamerika, die Äste führten dann zu den sozialen, politischen und wirtschaftlichen Aspekten. Fotos von historischen Figuren und Schlachten fügten einen Hauch von Kreativität hinzu. Der zentrale Punkt und seine Äste schaffen eine klare Hierarchie, wodurch du die Struktur eines Themas auf einen Blick erfassen kannst. Die Visualisierung unterstützt das Gehirn dabei, Zusammenhänge leichter zu erkennen. Wir merken uns Wissen nämlich vor allem, wenn wir den Kontext kennen.

---

Mindmaps spiegeln ganzheitliches Denken wider. Anstatt isolierte Fakten zu lernen, ermöglicht diese Methode dir das Betrachten eines komplexen Themas als ein zusammenhängendes Geflecht von einzelnen Ideen. Das fördert ein tieferes Verständnis, weil du die Zusammenhänge kennst.

---

Und ohne Spaß: Ich habe mich in der Prüfung an diese Mindmap erinnert! Ich wusste genau, wo was steht, und konnte das Wissen perfekt abrufen. Die visuelle Natur von Mindmaps schafft Erinnerungsanker. Wenn du dir das Bild einer Mindmap vorstellst, erinnerst du dich nicht nur an Fakten, sondern auch an die Platzierung auf der Seite, Farben und Symbole. Diese visuellen Assoziationen helfen super beim Abrufen von Informationen.

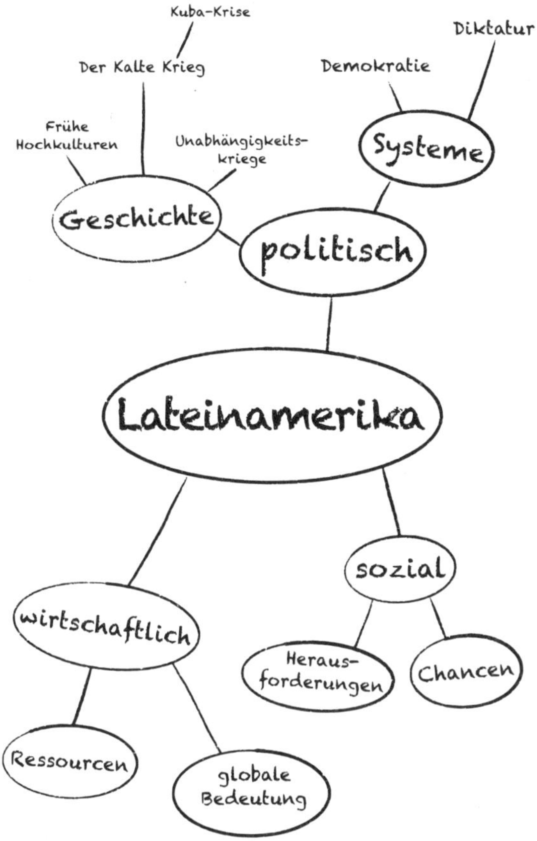


## Chunking

Chunking ist eine andere großartige Lernmethode! Sie beruht auf der Processing Theory von George A. Miller. Diese Theorie beschäftigt sich mit der Art und Weise, wie Menschen Informationen aufnehmen, verarbeiten und speichern. Chunking ist eine effektive kognitive Strategie, um die begrenzte Kapazität des Kurzzeitgedächtnisses zu umgehen. Beim Chunking werden mehrere einzelne Elemente zu einer größeren Einheit, einem

sogenannten Chunk, zusammengefasst. Diese Chunks können dann als eine einzige Einheit im Kurzzeitgedächtnis behandelt werden. Also wir merken uns diese Einheit besser als einzelne Fakten.
Zum Beispiel merke ich mir so auch meine Telefonnummer! Probiere es mal aus! Angenommen, du musst diese Nummernfolge lernen: 4-7-1-1-3-2-3-4-5. Statt jede Ziffer einzeln zu betrachten, könntest du sie in Chunks aufteilen: 471, 132, 345. Diese Chunks bestehen aus mehreren Ziffern, aber du betrachtest sie als einzelne Einheiten. Anstelle von neun separaten Informationen musst du nun nur drei Chunks im Gedächtnis behalten, was die Belastung des Kurzzeitgedächtnisses verringert.
Das eignet sich auch super beim Vokabelnlernen. Anstatt die gesamte Liste auf einmal anzugehen, teilst du sie in sinnvolle Gruppen auf – »Farben, Essen, Tiere« oder »Nomen, Verben, Adjektive«. Für mich verringert das auch die Hürde, anzufangen. Die Chunks wirken übersichtlicher und machbarer als die Tausend Einzelheiten.
So macht es noch mehr Spaß: Verwandle das Lernen in ein Spiel. Versuch, so viele Wörter wie möglich aus jeder Gruppe in einer festgelegten Zeit zu lernen. Klingt nach Herausforderung? Genau das macht es spaßig. Es ist nicht nur unterhaltsam, sondern fördert auch das schnelle Abrufen von Informationen, wenn es darauf ankommt.

### *Find yourself a study buddy!*

Einer meiner besten Freunde in der Oberstufe war Frederik. Zuvor hatten wir kaum miteinander zu tun, doch unsere Geschichtslehrerin teilte uns im ersten Halbjahr der Oberstufe für ein Projekt in eine gemeinsame Gruppe ein. Das zwang uns dazu, zusammenzuarbeiten.

Was also zunächst nur eine notwendige Kooperation war, entwickelte sich rasch zu einer guten Freundschaft. Es stellte sich heraus, dass wir ein unschlagbares Team waren, nicht nur als Klassenkameraden, sondern auch als Freunde. Wir trafen uns immer häufiger, um zu lernen. Zwei Köpfe sind oft besser als einer und die gegenseitige Motivation kann Wunder bewirken. Such dir auch einen Study Buddy, also einen Lernpartner, mit dem du gut lernen kannst. Eventuell auch mehrere für verschiedene Fächer! Gemeinsam könnt ihr euch herausfordern, Fragen diskutieren und alternative Perspektiven erkunden.

In Biologie war ich nicht besonders stark, doch Frederik holte konstant Bestnoten. Auf der anderen Seite glänzte ich in Englisch und dort konnte ich ihm wiederum behilflich sein. Wir brachten einander bei, was wir am besten konnten.

Wenn zwei Menschen ihr Wissen kombinieren, entsteht eine kraftvolle Dynamik. Ideen fließen, Gedanken werden geteilt und Lücken im Verständnis werden schneller erkannt. Das gemeinsame Brainstorming hilft, verschiedene Ansätze zu beleuchten und kritische Fragen zu stellen, die man allein möglicherweise übersehen hätte.

Ich erinnere mich noch an eine Situation in der ersten Qualifikationsphase der Oberstufe. In einer Biologiesession über Zellen erklärte Frederik mir, was der Snare-Komplex ist (ein zellulärer Protein-Komplex, der eine wichtige Rolle bei verschiedenen biologischen Prozessen spielt). Ich konnte mir das nicht so gut merken und er versuchte, mir mit verschiedenen Beispielen den Begriff und das Konzept näherzubringen. Zum Beispiel meinte er, dass es eine Trommel gebe, die ebenfalls Snare heißt. Wir haben viel über das Wort »Snare« geredet und gelacht, obwohl es komplett irrelevant war, aber dadurch konnte ich mir diesen verdammten Begriff endlich merken. Während unserer Lernsession und den Lachflashs hatten wir uns geschworen, dass wir beide den Snare-Komplex im Test einbringen und nicht vergessen würden. Im Test hatten wir beide 15 Punkte.

**Manchmal sind die besten Lernmomente nicht den Lehrbüchern zu verdanken, sondern den Lachanfällen und absurden Anekdoten eines gemeinsamen Lernabenteuers.**

Einmal hatte ich wirklich Panik vor einem Test, aber Frederik konnte mich beruhigen und versicherte mir am Abend davor beim gemeinsamen Lernen, dass ich alles wusste. Die Last des Lernens kann manchmal überwältigend sein, aber Study Buddys sind eine große emotionale und mentale Hilfe.

Ich wusste, dass ich mich immer auf Frederik verlassen konnte. Und er wusste, dass er sich immer auf mich verlassen konnte. Die Wahl des richtigen Study Buddys ist echt entscheidend. Ihr müsst nicht genau die gleichen Lerntypen sein, aber die Kommunikation sollte reibungslos verlaufen und ihr beide solltet das Engagement teilen. Such nach jemandem, der dich herausfordert, aber auch unterstützt!

Ein Study Buddy ermöglicht ebenfalls, die Verantwortung zu teilen. Gemeinsam könnt ihr den Stoff aufteilen, euch auf verschiedene Themen konzentrieren und dann euer Wissen austauschen. Das senkt nicht nur die individuelle Belastung, sondern fördert auch ein tieferes Verständnis. Denn das gemeinsame Lernen ist sogar wissenschaftlich als effektiv bewiesen worden. Ich bin ein großer Fan der Feynman-Methode: eine Lernstrategie, die von dem Physiker Richard Feynman entwickelt wurde. Sie basiert auf dem Prinzip, dass man ein Konzept erst dann wirklich verstanden hat, wenn man es einfach und klar erklären kann.

### Die Feynman-Methode, so geht's

- **Wähle ein Konzept:** Entscheide dich für das Thema, das du verstehen möchtest.
- **Erkläre es:** Versuch, das Thema zu erklären. Stell dir zum Beispiel vor, du würdest das Konzept einem Kind erklären, das keine Vorkenntnisse darüber hat. Denn dann musst du einfache Wörter und klare Beispiele verwenden, um das Konzept zu vermitteln. Hier ist der Knackpunkt: Das schaffst du nur, wenn du das Konzept verstanden hast.
- **Identifiziere Lücken:** Wenn du auf Schwierigkeiten stößt oder merkst, dass du bestimmte Teile nicht klar erklären kannst, markiere diese Bereiche in den geschriebenen Notizen oder schreib sie auf ein Extrablatt. Das zeigt dir, wo deine Verständnislücken liegen. Dein Study Buddy kann auch darauf achten, wo deine Probleme liegen und was du eventuell nicht ganz richtig erklärst.
- **Vereinfache und wiederhole:** Geh zurück zu den schwierigen Teilen und versuch, sie zu vereinfachen. Nutzt gemeinsam Metaphern, Analogien oder Beispiele, um eine einfachere Vorstellung zu schaffen. Wiederhole diesen Prozess, bis du das gesamte Konzept verstanden hast und erklären kannst.

Die Feynman-Methode unterstützt das aktive Lernen und die klare Kommunikation des Wissens. Indem man versucht, ein Konzept in einfachen Worten zu erklären, fokussiert man sich auf die wesentlichen Punkte und erkennt, wo das eigene Verständnis noch Schwächen aufweist. Die Klausur wird super!

Ich bin ehrlich mit dir: Es gibt Tage, an denen die Motivation fehlt. Ein Study Buddy kann in solchen Momenten als persönlicher Motivator dienen. Gemeinsame Ziele setzen, Fortschritte teilen und sich gegenseitig ermutigen, all das kann einen entscheidenden Unterschied machen. Die Verantwortlichkeit gegenüber einem Partner wird die Wahrscheinlichkeit erhöhen, dass ihr beide am Ball bleibt.

Oft hilft es auch schon, einfach nebeneinanderzusitzen und zu sehen, wie der andere lernt. Das motiviert echt! Oder wie wäre es, sich jeden Morgen gegenseitig die jeweiligen To-dos für den Tag und abends dann ein Update zu schicken? Da will man nicht jeden Tag wie der dastehen, der nie seine Aufgaben erledigt.

Beim Abitur ist die Reise genauso wichtig wie das Ziel. Mit einem engagierten Study Buddy an deiner Seite wird der Weg nicht nur lehrreich, sondern auch unterhaltsam. Gemeinsam könnt ihr eure Lernziele erreichen und vielleicht sogar Freundschaften fürs Leben schließen.

Denn *guess what*: Frederik und ich haben nicht nur beide das 1,0-Abitur geschafft, wir sind auch bis heute beste Freunde. Vielen Dank an unsere Geschichtslehrerin!

Teil V

# Zeitmanagement für Schüler

## Romantisiere die Vorbereitung

Ich erinnere mich noch zu gut an die Zeit in der Oberstufe und wie ich mir dachte: »Wow, in der kommenden Woche steht eine Geschichtsklausur an, ein Wirtschaftstest und zusätzlich eine Präsentation im Fach Sport. Wie soll ich das alles bewältigen?«
Vor allem: Wie schaffe ich es, diese Aufgaben nicht nur zu erledigen, sondern Bestnoten zu erzielen?
Während des Abiturs bist du oft mit dieser Schwierigkeit konfrontiert. Jeder Lehrer gibt Hausaufgaben auf, du musst für jedes Fach lernen und dazu kommen noch andere Hobbys, Projekte und Verpflichtungen.
Für mich liegt der Schlüssel in einer durchdachten Vorbereitung und einer sinnvollen Planung. Indem ich meine Woche schlau plane, kann ich das Maximale aus ihr rausholen.
Dieses Kapitel widmet sich also der zentralen Rolle der Vorbereitung. Diese beginnt nicht erst beim Öffnen der Schulbücher, sondern bereits bei der klaren Definition von Zielen, der effizienten Einteilung deiner Zeit und der bewussten Strukturierung deiner Woche.
**Auf dem Weg zu Bestnoten geht es nicht nur darum, was du lernst, sondern auch darum, wie du dein Lernen organisierst!**
*Let's go*, wir gucken uns eine Planung an, in der du nicht nur auf Prüfungen vorbereitet bist, sondern auch auf die Herausforderungen, die das schulische Leben darüber hinaus mit sich bringt. Ich zeige dir meine Tools für eine erfolgreiche Wochenplanung, wie du Gewohnheiten für dich nutzen kannst und eine grandiose Zeitmanagement-Methode, die mir ermöglicht hat, konzentriert zu lernen, sodass ich noch genug Zeit für Hobbys hatte.

## Deine Wochenplanung

Wie bewältigt man die Herausforderung, alles unter einen Hut zu bekommen? Es ist von entscheidender Bedeutung, zu erkennen, dass Priorisierung eine Kunst ist, und manchmal musst du akzeptieren, dass du nicht jedem Projekt zu jeder Zeit 100 Prozent widmen kannst!

Für jemanden, der wie ich die Vielfalt unterschiedlichster Projekte liebt, ist die Wochenplanung ein wichtiges Thema. Während meiner Abiturzeit war mein Terminkalender prall gefüllt und auch heute ist es nicht anders. Ich studiere Jura, bin selbstständig mit einer eigenen Firma, produziere täglich Content für Social Media und schreibe dieses Buch hier. Ja, das funktioniert! Wenn dann noch alltägliche Aufgaben wie Haushalt, Sport und Beziehungen hinzukommen, wird das Jonglieren zwar zu einer echten Herausforderung, aber hey, wenn einem alles unglaublich viel Spaß macht, will man schließlich auch alles angehen!

Jeden Sonntag pflege ich einige Gewohnheiten, um optimal in die neue Woche zu starten. Zum Beispiel beantworte ich alle offenen Whatsapp-Nachrichten und räume mein Zimmer auf. Eine weitere essenzielle Gewohnheit ist die Planung der folgenden Woche.

Es gibt verschiedene Herangehensweisen, um die Woche zu planen, und je nach Hobbys, Lernaufwand, Beziehungen kann der Plan stark variieren. Ich möchte dir drei kraftvolle Werkzeuge vorstellen, die dir dabei helfen können, deine Zeit effektiv zu managen und das Beste aus jeder Woche herauszuholen.

### Triggerliste

Eine Triggerliste ist eine Liste mit Triggerworten. Sie ist wie eine Schatzkarte für deine Woche – bestehend aus Schlüsselwörtern oder Stichpunkten, die als Auslöser dienen, um sicherzustellen, dass du keine wichtigen Aufgaben vergisst. Du kannst regelmäßig alle Punkte ergänzen, die neu auftauchen. Wenn du deinen Wochenplan erstellst, schau auf deiner Triggerliste nach, um zu checken, dass du alle relevanten Bereiche abdeckst.

Konkret:

- Notiere allgemeine Kategorien von Aufgaben, die regelmäßig erledigt werden müssen, zum Beispiel Schule, Minijob, persönliche Pflichten, Fitness usw.
- Unterteile diese Kategorien in spezifischere Aufgaben oder Verantwortlichkeiten. Zum Beispiel könnten unter »Schule« Aufgaben wie Hausaufgaben, Präsentationen, Klausuren usw. stehen.
- Wenn du deinen Wochenplan erstellst, schau dir deine Triggerliste an.
- Die aufgeführten Trigger sollen dich daran erinnern, alle wichtigen Aufgaben und Verpflichtungen in deine Woche zu integrieren.
- Die Liste dient als Gedankenstütze, aber sei flexibel. Nicht jede Woche ist gleich, und es kann neue oder unvorhergesehene Aufgaben geben.

### Brain Dump

Ein Brain Dump ist wie das Leeren deines Gedankenmülleimers. Setz dich am Sonntag beim Planen deiner Woche für eine kurze Zeit hin und schreib alles auf, was dir im Kopf herumschwirrt – Aufgaben, Ideen, Sorgen. So schaffst du es, einen klaren Kopf zu bekommen und deine Gedanken zu organisieren. Aus diesem Brain Dump kannst du dann deine wichtigsten Aufgaben für die Woche herausfiltern und in deinen Zeitplan integrieren.

**Time Blocking**

Time Blocking ist eine Methode, bei der du bestimmte Zeitblöcke für bestimmte Aufgaben reservierst. Zum Beispiel könntest du an einem bestimmten Tag einen Block für Schulzeit, einen für konzentrierte Arbeit und einen für Freizeit festlegen. Diese Struktur hilft, Ablenkungen zu minimieren, und stellt sicher, dass du genügend Zeit für alle wichtigen Aspekte deines Lebens hast. Auf Time Blocking kommen wir in einem späteren Kapitel aber noch mal genau zu sprechen.

In Kombination können diese Tools Wunder wirken. Beginne mit einer Triggerliste, um sicherzustellen, dass nichts übersehen wird. Nutze dann ein Brain Dump, um weitere Gedanken zu klären, klare Prioritäten zu setzen und Sorgen loszuwerden. Schließlich hilft dir das Time Blocking, deine Zeit effektiv zu nutzen und sicherzustellen, dass du genug Raum für alles hast, was dir wichtig ist.

Für die optimale Wochenplanung gibt es keine Einheitsgröße für alle, aber mit diesen Tools kannst du deinen maßgeschneiderten Plan erstellen, der zu deinem Lifestyle passt. Deine Woche gehört dir – gestalte sie nach deinen Bedürfnissen!

## Gewohnheiten für dich nutzen

Jeden Morgen, nachdem ich meine Zähne geputzt habe, gehe ich Karteikarten durch. Kein morgendliches Zähneputzen ohne Karteikarten. Klingt easy? Ist es auch. Und so schnell habe ich dir damit das großartige Konzept Habit Stacking erklärt.
Gewohnheiten spielen eine große Rolle in unserem täglichen Leben. So viele Dinge, einschließlich die Zähne zu putzen, tun wir aus Gewohnheit. Sie prägen, wie wir den Tag beginnen, wie wir Aufgaben angehen und wie wir schließlich ins Bett gehen. So, das nutzen wir jetzt für uns!
Das erwähnte Habit Stacking ermöglicht es, positive Gewohnheiten mit dem Lernprozess zu verknüpfen. Die Idee dahinter ist simpel: Nutze bestehende Gewohnheiten als Anker, um neue, lernfördernde Routinen zu etablieren.

Du trinkst als tägliches Abendritual jeden Abend eine Tasse Tee? Warum nicht diesen Moment immer nutzen, um kurz zu gucken, ob du alle Hausaufgaben erledigt hast? Solange du deinen Tee nicht vergisst, wirst du nie wieder deine Hausaufgaben vergessen. Die Assoziation in deinem Gehirn ist dann verankert.

Indem du schulische Pflichten und Lernaktivitäten mit bereits fest verankerten Gewohnheiten kombinierst, werden diese allmählich zu einem natürlichen Bestandteil deines Tagesablaufs.

Hausaufgaben?

### So geht Habit Stacking konkret

- **Analysiere deine bestehenden Gewohnheiten:** Überlege, welche festen Routinen du bereits in deinem Alltag hast. Sei es das morgendliche Zähneputzen, der Weg zur Schule oder das abendliche Entspannen vor dem Fernseher.
- **Definiere klare Lernziele:** Setz dir konkrete Ziele für dein Lernen. Möchtest du mehr Zeit für Hausaufgaben einplanen oder gezielt Vokabeln wiederholen?
- **Finde passende Ankerpunkte:** Such nach natürlichen Übergängen oder Pausen in deinem Tagesablauf, an denen du Lernaktivitäten einbinden kannst. Dies können die Minuten in der Bahn oder nach dem Zähneputzen, Pausen zwischen den Stunden oder der Moment vor dem Schlafengehen sein.
- **Starte klein und steigere dich:** Beginne mit kleinen Einheiten. Zum Beispiel könntest du dir vornehmen, 5 Minuten vor dem Schlafengehen in einem Buch zu lesen. Nach und nach kannst du die Dauer und Intensität steigern.
- **Halte durch und reflektiere:** Gewohnheiten benötigen Zeit, um sich zu festigen. Halte durch und überprüfe regelmäßig, ob die Verknüpfung zwischen deinen bestehenden Gewohnheiten und dem Lernen erfolgreich ist. Passe deine Strategie bei Bedarf an.

Es ist so toll, Lernaktivitäten nahtlos im Alltag zu integrieren. So wird aus dem Lernen keine lästige Pflicht, sondern eine selbstverständliche Gewohnheit!

## Wenn du was tust, tu es richtig!

Wie oft wollte ich schon lernen, aber wusste nicht, was genau ich lernen sollte? Alles schien wichtig! Und wie oft kam es schon vor, dass ich mich wirklich an meine Aufgaben setzen wollte, aber immer wieder abgelenkt wurde. Diese Situationen sind uns allen wohlvertraut und können frustrierend sein.

Im vorletzten Kapitel sprachen wir bereits über Time Blocking als Hilfsmittel für eine erfolgreiche Wochenplanung. Darauf möchte ich hier genauer eingehen. Denn wenn man Bestnoten erreichen will, sollte man Aufgaben nicht nur erledigen, sondern auch mit höchster Effizienz durchführen.

Time Blocking ist eine Technik, die es ermöglicht, den Tag in klare, definierbare Zeitabschnitte zu unterteilen, die speziellen Aktivitäten gewidmet sind. Anstatt unsystematisch zwischen diversen Aufgaben zu wechseln, reservieren wir bewusst Zeitfenster für bestimmte Tätigkeiten. Mit diesem gezielten Ansatz haben wir einen klaren Fokus und minimieren potenzielle Störfaktoren und Ablenkungen.

Indem ich bewusst plane, wann und womit ich mich beschäftige, fühle ich mich nicht nur organisierter, sondern kann auch sicherstellen, dass jede Aktivität mit der gebotenen Aufmerksamkeit und Präzision durchgeführt wird.

### Bewusst planen, so geht's

- **Analyse deiner Aufgaben:** Identifiziere die wichtigsten Aufgaben und Ziele für den Tag oder die Woche.
- **Zeitfenster festlegen:** Teile deinen Tag in Abschnitte von zum Beispiel 90 Minuten ein, die du speziell einer Aufgabe widmest.
- **Prioritäten setzen:** Ordne die Aktivitäten nach ihrer Wichtigkeit und fokussiere dich zuerst auf die essenziellen Aufgaben.
- **Ablenkungen minimieren:** Schalte Benachrichtigungen aus, informiere deine Mitmenschen über deine Time-Blocking-Zeiten und schaffe eine ruhige Arbeitsumgebung.
- **Pausen einplanen:** Integriere bewusste Pausen zwischen den Blöcken, um die Konzentration aufrechtzuerhalten.

Time Blocking ist eine Strategie, die nicht nur die Quantität, sondern vor allem die Qualität unserer Arbeit beeinflusst. Ohne Ablenkung und den Gedanken, dass etwas anderes gerade wichtiger sein könnte, kannst du es schaffen, in einen Zustand intensiver Konzentration und ungestörter Produktivität zu kommen. Statt oberflächlicher Arbeit vertiefst du dich in Denkprozesse, um optimale Ergebnisse zu erzielen.

Wichtig ist auch:

- **Entschlossenheit:** Schaffe klare Regeln und Ziele für deine Arbeitseinheiten.
- **Ablenkungen eliminieren:** Finde einen ablenkungsfreien Ort und schalte unnötige Störfaktoren aus.
- **Zeitliche Begrenzung:** Setz dir Zeitlimits für Lernsessions, um Erschöpfung zu vermeiden.
- **Reflexion:** Bewerte regelmäßig deine Lernphasen, um Effizienz und Effektivität zu steigern.

So schaffst du ein Umfeld, in dem du konzentriert und effektiv lernen und zugleich deinen Hobbys nachgehen kannst.

Eine Zuschauerin namens Sarah schrieb mir mal, sie habe so viele Aufgaben für die Schule, dass es ihr superschwer fiele, damit anzufangen. Ihr war klar, was sie machen musste, aber das Aufraffen zum Erledigen war zu schwer. Ich habe dann auf Sarahs Nachricht geantwortet und das Konzept des Time Blocking erklärt. Mein Rat war, alle Aufgaben in kleine Unteraufgaben herunterzubrechen und sie dann direkt in den Tag einzuplanen. So ist ihr klar, dass sie um 15:00 Uhr mit der Mathehausaufgabe anfängt und dann um 15:30 Uhr den Vortrag für Geschichte übt.

Einige Tage später kam dann Sarahs Antwort: Es hat geholfen! Sie hat sich selbst eine klare Aufgabe mit definiertem Rahmen gegeben, sich ein Zeitlimit gesetzt und so effektiver gearbeitet.

## Kleine Hacks, um Zeit zu sparen

Willst du auch gefühlt auf nichts verzichten? Hobbys, Schulprojekte, Arbeitskreise, Theatergruppe, Sportverein, Freunde, Freizeit und Familie: Wie bekommt man das neben Schule und Lernen alles unter einen Hut? Und sollte man es überhaupt?

**Es ist eine weitverbreitete Annahme, dass Erfolg oft damit einhergeht, ständig Ja zu sagen – zu neuen Projekten, Aufgaben und Verpflichtungen. Doch was, wenn das Gegenteil der Schlüssel zu Bestnoten ist? Ich sage dir: Eine klare Priorisierung ist unerlässlich.**

Angenommen, du hast viele faszinierende Projekte und Hobbys gefunden (zum Beispiel Schülerzeitung, neue Sportart, Buchclub etc.), die du unbedingt realisieren möchtest. Der entscheidende Faktor ist, keine Zeit zu verschwenden. Ich werde mit dir teilen, wie ich freie Zeiten geschickt genutzt habe, um produktiv zu arbeiten und zu Hause weniger für die Schule machen zu müssen. So wurde Zeit für andere Aktivitäten frei.

In diesem Kapitel wollen wir außerdem erkunden, wie du effektiv Nein sagen kannst, ohne dabei die Vielfalt deiner Interessen zu vernachlässigen.

Schließlich möchte ich dir eine kleine Gewohnheit vorstellen, die meine Produktivität auf ein neues Level gehoben hat – die

»Fokus-Pokus-Stunde«. Diese Stunde ermöglicht es dir, in einem konzentrierten Zustand mehr zu erreichen als in mehreren Stunden ohne klaren Fokus.
Viel Spaß beim Lesen und Entdecken neuer Möglichkeiten zur Steigerung deiner Produktivität und Effizienz!

## Nein sagen, um Ja zu sagen

Kennst du das Gefühl, wenn du zu einer Sache Ja und damit automatisch zu etwas anderem Nein sagst? Ein Ja zum Fußballspiel deiner Freundin bedeutet ein Nein zum gemütlichen Filmeabend auf der Couch. Ein Ja zum Friseurtermin ist ein Nein zur Verabredung, die du in der Zeit hättest haben können.
Oft neige ich dazu zu denken: »Je mehr, desto besser!« Mehr Projekte, mehr Verpflichtungen, mehr Aufgaben. Die Angst vor Ablehnung und der Wunsch, es allen recht zu machen, sind Gründe, warum es mir und bestimmt auch vielen anderen Menschen schwerfällt, Nein zu sagen.
Doch das effektive Neinsagen könnte genau das sein, was es dir ermöglicht, während des Abiturs die Kontrolle über dein Leben zu behalten und dich auf das zu konzentrieren, was wirklich wichtig ist. In der Oberstufe ist Neinsagen besonders wichtig, um nicht nur den Schulalltag zu bewältigen, sondern auch noch genug Freizeit zu haben.
Diese Erkenntnis birgt eine wichtige Botschaft für uns: Wir können nicht alles tun und müssen priorisieren! Gerade als Schüler mit Bestnoten musst du bestimmte Dinge vor anderen priorisieren.

Ein klares und selbstbewusstes Nein auszusprechen, ist ein Akt der Selbstachtung und auch eine notwendige Fähigkeit, um deine ganzen Ziele zu erreichen!

In der Klausurenphase habe ich meine Schwester zum Beispiel gebeten, mit unserem Hund rauszugehen, obwohl das eigentlich meine Aufgabe ist. Im Gegenzug habe ich ihr dann bei ihren Aufgaben geholfen, wenn sie eine stressige Zeit hatte.

In der Schule sind viele Anforderungen an der Tagesordnung, sei es das Übernehmen von zusätzlichen Aufgaben, die Teilnahme an verschiedenen Projekten oder die Unterstützung von Mitschülern. Klug Nein zu sagen, hilft, die eigene Zeit effektiv zu managen, was echt wichtig ist! Von der höflichen Ablehnung von unwichtigen Verpflichtungen bis hin zur klaren Grenzziehung bei übermäßiger Beanspruchung ... es gibt wirklich viele Situationen.

Willst du dich heute mal lieber mit deinem Study Buddy zum Lernen treffen, weil eine wichtige Prüfung ansteht, anstatt mit deiner besten Freundin shoppen zu gehen? Sie wird es bestimmt verstehen. Fang am besten heute gleich an, das Neinsagen zu üben!!

## Nein sagen, so geht's konkret

- [ ] **Prioritäten setzen**
  - Liste deine schulischen und außerschulischen Verpflichtungen auf.
  - Identifiziere, welche Aufgaben und Projekte die höchste Priorität für dich haben. Ist dir der Mathe-LK am wichtigsten? Oder doch eher deine Seminararbeit?
- [ ] **Lerne deine eigenen Grenzen kennen**
  - Sei ehrlich zu dir selbst im Hinblick auf deine Kapazitäten und die Zeit, die du zur Verfügung hast.
  - Akzeptiere, dass du nicht überall dabei sein kannst und dass das voll in Ordnung ist.
- [ ] **Entwickle eine klare Kommunikation**
  - Gibt es Dinge, die du tatsächlich aufgeben oder ablehnen kannst? Lerne, höflich, aber bestimmt Nein zu sagen.
  - Vermeide vage Ausdrücke und erkläre gern, warum du dich entschieden hast, abzulehnen. Die anderen werden es bestimmt verstehen!
- [ ] **Setz klare Ziele**
  - Definiere klare schulische Ziele und arbeite darauf hin.
  - Jede Anfrage oder Aufgabe sollte daraufhin überprüft werden, ob sie zu deinen Zielen passt.

- ☐ **Delegiere, wenn möglich**
  - Falls ihr eine Gruppenarbeit abgeben müsst, überlegt, wer in welchem Bereich besonders gut ist.
- ☐ **Pflege deine Gesundheit**
  - Erkenne an, dass deine physische und mentale Gesundheit Priorität haben.
  - Ein überlasteter Geist und Körper beeinträchtigen langfristig deine Leistung.

## Nie wieder Zeit verschwenden

Stundenpläne mit vielen Freistunden fand ich immer supernervig. Ich wollte lieber alle Stunden schnell hinter mich bringen und dann früher nach Hause gehen. Leider war meine Woche in der Oberstufe aber von Lücken geprägt. Anfangs hat mich das ziemlich gestört – wer möchte schon ewig auf dem Schulgelände herumlungern? Doch schließlich fand ich ein System, um diese vermeintliche Störung zu meinem Vorteil zu nutzen.
Diese Freistunden, die zunächst nutzlos schienen, wurden zu meiner besten Lernzeit. Statt mich von ihnen ablenken zu lassen, beschloss ich kurzerhand, diese Leerzeiten strategisch fürs Lernen zu nutzen. Ich erledigte Hausaufgaben, recherchierte, wenn ich etwas im Unterricht nicht verstanden hatte, und begann mit dem Lernen für die Prüfungen.

War das nicht übertrieben? Keineswegs. Denn dafür musste ich zu Hause nichts mehr machen. Die Freistunden waren für mich super zum Lernen, da ich mich in der Schulatmosphäre sowieso besser konzentrieren konnte als in meinem Zimmer.

Es war eine Möglichkeit, den Schulalltag zu strukturieren und auch den Druck nach dem Unterrichtsende zu mindern. Denn dann hatte ich meine Aufgaben ja bereits erledigt.

Das Gleiche machte ich dann auch nach dem Mittagessen in meiner Mittagspause. Die Erledigung von Aufgaben fiel mir leichter als abends und ich sparte mir die Notwendigkeit, mich zu Hause erneut aufraffen zu müssen.

Neben den effektiven Freistunden plante ich selbstverständlich auch bewusste Unterbrechungen ein – kleine 5- bis 20-Minuten-Pausen, in denen ich aß, mich mit Freunden austauschte und einfach mal den Kopf ausschalten konnte, machten den Unterschied.

Es war super! Statt mich mit einem Berg von Hausaufgaben herumzuschlagen, konnte ich meine Energie nach der Schule in Dinge investieren, die mir wirklich am Herzen lagen, weil ich vieles bereits in der Schule erledigt hatte.

Freie Zeiten nutzen, um Aufgaben zu erledigen und etwas zu schaffen, mache ich auch jetzt im Studium. So gehe ich während meiner langen Pendelzeit in der Bahn Karteikarten durch oder höre einen Podcast zu dem Thema. Probiere es auch einmal aus!

Früher war ich gestresst, weil ich nicht wusste, wie ich alle Dinge unter einen Hut bringen konnte. Heute weiß ich, wie ich Dinge priorisiere und meine Prime Time nutze. So kann ich allen privaten, geschäftlichen und schulischen Verpflichtungen nachkommen und habe immer noch Zeit für alle anderen Dinge, die ich gerne mache.

## Meine FPS-Methode – täglich eine Stunde produktiv sein reicht

Ich habe ein Prinzip entwickelt, das nenne ich Fokus-Pokus-Stunde. Jeden Tag habe ich eine davon. Klingt ein bisschen verrückt, oder? Nun ja, es beschreibt zumindest genau, was es meint! Eine Stunde Fokus, die dir dabei hilft, deine Zeit sinnvoller zu nutzen.

Die Idee hinter der Fokus-Pokus-Stunde ist einfach: In einer bestimmten Stunde des Tages legst du alle Ablenkungen beiseite und fokussierst dich auf eine einzige Aufgabe. Kein Handy, keine unzähligen Tabs auf dem Computer – nur du und deine Mission. Ob du Notizen überarbeitest, dich auf eine Präsentation vorbereitest oder knifflige Matheaufgaben löst, liegt ganz bei dir. Ich habe während des Abiturs immer To-do-Listen mit nervigen Aufgaben geführt. Blätter aussortieren, Zimmer aufräumen, Karteikarten sortieren. Diese Dinge erledigte ich ganz schnell hintereinander in dieser Stunde.

Warum das funktioniert? Durch bewusste Fokussierung und das Vermeiden von Ablenkungen kannst du in dieser Stunde oft mehr erreichen als in mehreren Stunden ohne klaren Plan. Die Fokus-Pokus-Stunde ist dein Ticket in den Flow-Zustand, in dem du im Einklang mit deinen Aufgaben arbeitest.

Die FPS ist nicht nur für schulische Angelegenheiten reserviert. Willst du auch schon seit Tagen deine Bettwäsche wechseln oder diesen einen Brief abheften? Diese Art von Aufgaben schiebe ich echt ewig auf, obwohl sie nur einige Minuten in Anspruch nehmen. Mach sie in der FPS!

Wenn du Aufgaben erledigen willst, die wenig Konzentration fordern, kannst du auch nebenbei einen Podcast hören – so macht das Aufräumen gleich mehr Spaß und du lernst noch was dabei.

Übrigens: Aus der Fokus-Pokus-Stunde können auch zwei Fokus-Pokus-Stunden oder nur 30 Fokus-Minuten werden. Das ist ganz egal, es geht um das Prinzip! Das Konzept ist flexibel.

Setz klare Ziele, minimiere Ablenkungen. Eine Stunde produktiv sein reicht oft aus, um uns besser zu fühlen und motivierter zu sein, weiterzumachen. Es ist eine Stunde, die alles verändern kann.

Nun kennst du einige kleine Hacks, die viel verändern können. Du weißt, wie man Nein sagt, um Ja zu sagen. Und wie du nie wieder Zeit verschwendest. Probiere die Tipps aus und erlebe selbst, wie sie deine tägliche Routine aufpeppen.

Teil VI

# Struggles mit deinem Hass-fach?

## Spezielle Tipps für alle Fächer

Bisher haben wir uns in diesem Buch schon mit einer Menge an Tipps beschäftigt – von abstrakten Lernmethoden über ihre konkrete Anwendung im Unterricht bis hin zur Prüfungsvorbereitung. Wir sprachen über Motivation, kleine Tricks für mehr Produktivität und Zeitmanagement. Du bist schon fast perfekt vorbereitet.

Während meiner Schulzeit habe ich mich ja viel mit dem Thema Lernen beschäftigt. Ich hatte die perfekten Strategien gefunden und wusste genau, wie ich lerne. Jedoch war es am Anfang schwer, herauszufinden, wie ich diese Methoden in den einzelnen Fächern anwenden kann. Benutzt man Active Recall in allen Fächern? In Sprachen sollte man auch den Fokus auf ein prüfungsnahes Lernen legen, oder?

Wir werfen in diesem Kapitel einen genaueren Blick auf spezifische Fächer. Brauchst du zum Beispiel noch bestimmte Tipps für Sprachen oder Naturwissenschaften? Fallen dir Musik und Kunst schwer? Ist dir noch nicht so ganz klar, wie man eine Seminararbeit schreibt? Jetzt nach meinem Abitur weiß ich genau, welche Methoden für welches Fach am besten geeignet sind und welche kleinen Tricks dir noch helfen können.

Es gibt bestimmte Strategien, die für einige Fächer besonders effektiv sind. Gleichzeitig integrieren wir sie auch geschickt in die Methoden, die wir bereits besprochen haben.

Denn auch bei spezifischen Schwierigkeiten bleibt eine solide Grundlage wichtig. *Let's go*, wir gucken, wie du gezielt an den Knackpunkten arbeiten kannst, um in diesen Fachbereichen erfolgreich zu sein. Viel Spaß beim Lesen und Ausprobieren!

## Wie bin ich gut in Fremdsprachen?

Zwei Tage vor meinem Englischabitur setzte ich mich zum ersten Mal an meinen Schreibtisch, um Englisch zu lernen, und begann, einen *argumentative essay* zur Übung zu schreiben. Ich weiß noch ganz genau, wie ich entspannt auf dem Stuhl saß, Nüsse kaute und mir supergechillt *useful phrases* aufschrieb.

Und dann kam der Tag. Das Englischabitur stand bevor. Ich war tatsächlich schon 1 Stunde vor Beginn in der Schule und hatte mich in die Mensa gesetzt, um schon mal in den »Prüfungsvibe« zu kommen. Ich habe damals eine Story gepostet und scherzhaft gesagt, dass es total komisch wäre, wie gechillt ich bin.

Die Englischprüfung hat mir superviel Spaß gemacht. Ich schrieb die ganzen 5 Stunden durch, fokussierte mich nur auf das Blatt vor mir und bekam 15 Punkte.

Mein Geheimnis?

Tatsächlich hatte ich viel außerhalb des Unterrichts gelernt. Ich schaute englische Serien, führte Tagebuch auf Englisch und hatte sogar das Privileg, ein paar Mal in englischsprachige Länder zu reisen und mit Muttersprachlern zu kommunizieren.

Besonders bei Sprachen ist es meiner Erfahrung nach entscheidend, prüfungsnah zu lernen. Bei meiner mündlichen Abiturprüfung in Spanisch musste ich auf Spanisch diskutieren. Für mich bedeutete das nicht nur stures Pauken von Vokabeln, sondern vor allem, die Sprache aktiv zu verwenden. Das muss nicht mal superaußergewöhnlich sein und du brauchst dazu auch nicht unbedingt einen Muttersprachler. Ich sprach mit meinem Hund auf Spanisch, führte Selbstgespräche und erklärte meinen Eltern die Unterrichtsthemen auf Spanisch. Einfach, um es immer und immer wieder zu üben.

Ein Fehler, den ich am Anfang im Spanischunterricht gemacht hatte, war nämlich, zu abstrakt zu lernen. Grammatik zu büffeln reichte nicht aus; ich musste die Sprache wirklich anwenden, Fehler machen und daraus lernen.

Die Lösung? Eintauchen in die Sprache und sie aktiv anwenden!

**So geht die »aktive Sprachanwendung« konkret**

- **Tagebuch schreiben:** Versuch, deine Gedanken und Erlebnisse in der Fremdsprache aufzuschreiben. Das fördert nicht nur das Schreiben, sondern auch das Ausdrücken komplexerer Ideen.
- **Such dir nach Möglichkeit Native Speaker oder einen Tandempartner:** Der Austausch mit Muttersprachlern ist wirklich wertvoll. Du kannst deine Sprachkenntnisse verbessern und bekommst einen besseren Einblick in die Kultur. Wenn du einen Tandempartner suchst, der gerade Deutsch oder eine Sprache lernt, die du kannst, hat es für euch beide einen Vorteil. Das geht auch online oder mit einer App wie zum Beispiel *Tandem*.
- **Schau Serien in der Fremdsprache:** Das ist nicht nur unterhaltsam, sondern auch eine großartige Möglichkeit, den natürlichen Sprachfluss und die Aussprache zu lernen.
- **Lies Bücher in der Sprache:** Hier kannst du dein

Leseverständnis trainieren und gleichzeitig deinen Wortschatz erweitern.

- **Beteilige dich aktiv am Unterricht:** Sei nicht schüchtern! Je mehr du dich beteiligst, desto mehr Übung bekommst du im Sprechen und Verstehen.
- **Nutze Social Media:** Du kannst auf YouTube richtig easy Videos oder Podcasts in fast allen Sprachen finden oder durch die sozialen Medien Muttersprachler entdecken.
- **Lernen mit *Apps*:** Verwende Sprachen-Apps wie *Memrise*, *Duolingo* oder *Babbel*.

## Was mache ich, wenn ich Kunst und Musik hasse?

In der Oberstufe stand die Wahl zwischen Kunst und Musik an. Ich musste mich für eines der beiden Fächer entscheiden, das ich dann zwei Jahre in der Oberstufe belegen würde. Im Malen und Zeichnen war ich wirklich – ich meine wirklich! – grausam schlecht und auch Musik lag mir nicht besonders. Beide Fächer waren nicht gerade meine Favoriten, aber letztendlich fiel meine Wahl auf Musik. Erst war ich nicht so motiviert, aber überraschenderweise machte es dann sogar Spaß!

Wir tauchten ein in die Entwicklung der Musik in verschiedenen Epochen, diskutierten die Rolle der Frauen in der Musik und analysierten unterschiedliche Stücke. Es ging viel um Interpretation, Diskussion und Analyse. Also gar nicht so starr und langweilig, wie ich erwartet hatte ... Übrigens: Als ich mit einem positiven Mindset rangegangen bin, war es auch einfacher, gute Noten zu erzielen! Dazu später mehr.

Einige meiner Freunde wählten Kunst und ich erfuhr, dass auch dieses Fach hauptsächlich von Analysen lebte. Die große Frage war also: Wie können wir punkten, wenn es um die Analyse von Musikstücken, Bildern, Gemälden oder Ähnlichem geht?

Mir wurde schnell klar, dass der Schlüssel der Analyse im Kontext liegt. Warum ereigneten sich bestimmte Dinge? Welche Gedanken trieben den Künstler damals an und warum wählte er bestimmte Elemente aus? Der Kontext scheint der Dreh- und Angelpunkt für ein tiefes Verständnis und eine gelungene Analyse zu sein. Ich erkläre dir genau, wie du das für dich nutzen kannst und welche anderen kleinen Tipps mir noch sehr geholfen haben.

## Spezielle Tipps für Kunst

- **Betrachte Details:** Achte auf die kleinen Details in einem Kunstwerk. Oft tragen sie zur Gesamtaussage und Bedeutung bei.
- **Analysiere den Kontext:** Berücksichtige den historischen, sozialen und kulturellen Kontext des Kunstwerks. Das kann helfen, die Intention des Künstlers zu verstehen.
- **Achte auf Stile und Techniken:** Untersuch die verschiedenen Stile und Techniken, die der Künstler verwendet hat. Dies kann dir helfen, die handwerklichen Entscheidungen zu verstehen.
- **Nutze Fachbegriffe:** Lerne die grundlegenden Fachbegriffe der Kunstanalyse. Das hilft nicht nur dabei, klarer zu kommunizieren, sondern fördert auch ein tieferes Verständnis.
- **Vergleiche mit anderen Werken:** Setz das Kunstwerk in Beziehung zu anderen Werken desselben Künstlers oder der gleichen Epoche. Das ermöglicht einen Vergleich und vertieft das Verständnis.
- **Frag nach Emotionen und Wirkung:** Überlege, welche Emotionen das Kunstwerk bei dir auslöst. Frag dich, ob das beabsichtigt ist und wie der Künstler dies erreicht hat.

- **Zeitliche Entwicklung des Künstlers:** Betrachte verschiedene Phasen im Schaffen des Künstlers. Dies hilft oft dabei, Veränderungen im Stil und in den Themen zu verstehen.
- **Kontroversen und Interpretationen:** Beschäftige dich mit möglichen Kontroversen oder unterschiedlichen Interpretationen des Kunstwerks. Das fördert kritisches Denken.

## Smarte Tipps für Musik

- **Lerne musikalische Grundbegriffe**: Versteh grundlegende musikalische Begriffe wie Tonleitern, Harmonien, Rhythmen und Formen.
- **Berücksichtige den historischen Kontext**: Betrachte den historischen Hintergrund und die kulturelle Bedeutung der Musik. Dies kann helfen, den Kontext zu verstehen.
- **Vergleiche mit anderen Werken**: Vergleiche das Musikstück mit anderen Werken desselben Komponisten oder innerhalb derselben musikalischen Ära.
- **Betrachte musikalische Innovationen**: Schau nach innovativen Elementen oder Techniken, die in der Musik verwendet werden. Wie trägt dies zur Einzigartigkeit des Stücks bei?
- **Verfolge den emotionalen Verlauf**: Beachte, wie sich die Emotionen im Verlauf des Musikstücks ändern. Welche musikalischen Elemente tragen dazu bei?
- **Fragen zur Instrumentierung**: Analysiere die Auswahl der Instrumente und deren Rollen im Stück. Wie tragen sie zur Atmosphäre bei?
- **Übe aktives Musikhören**: Nimm dir bewusst Zeit, um Musik zu hören, ohne gleichzeitig anderes zu tun. Konzentriere dich auf die Klänge und versuch, jedes Element (Tonalität, Rhythmus ...) zu identifizieren.

## *Game over*: Mathe ist mein Endgegner!

Weißt du, zu welchem Fach ich die meisten verzweifelten Nachrichten bekomme? Richtig: Mathe. Es scheint, als würde jeder irgendwann einmal mit diesem Fach hadern und ich bin da keine Ausnahme.

Wenn ich mal wieder eine dieser panischen Nachrichten bekomme (das typische »Hilfe, ich verstehe das einfach nicht und werde es auch nie verstehen!!«), dann gibt es von mir immer denselben Ratschlag: Mathe ist im Grunde genommen ein reines Übungsfach!

Mit der richtigen Methode (dazu gleich mehr) und ganz viel Übung kannst auch du deine Mathenote verbessern. Da bin ich mir ganz sicher.

### Wie ich Mathe endlich besser verstehen konnte

Während des Unterrichts habe ich meine ganz persönlichen »Rezepte« für jedes Mathe-Thema entwickelt. Praktisch wie kleine Anleitungen habe ich mir genau notiert, welche Schritte zu welchem Ergebnis führen. Und dann? Dann habe ich geübt, und zwar nicht nur ein bisschen, sondern wirklich intensiv. Ich habe Aufgaben gelöst, bis mir die Finger glühten, um Ausnahmen zu finden, Fehler zu machen und daraus zu lernen.

Wenn ich von »Rezepten« spreche, meine ich damit so etwas wie Schritt-für-Schritt-Anleitungen oder Strategien, die mir geholfen haben, mathematische Probleme systematisch anzugehen.

Stell dir vor, du stehst vor einer Aufgabe oder einem mathematischen Problem. Anstatt einfach drauflloszurechnen oder zu raten, entwickle ich für jedes spezifische Thema sozusagen mein eigenes Rezept. Das könnte aussehen wie:

1. **Verstehe die Fragestellung:** Bevor du überhaupt mit dem Rechnen beginnst, musst du erst einmal verstehen, was die Aufgabe von dir verlangt. Das ist der erste Schritt in jedem Rezept.
2. **Identifiziere bekannte Größen:** Welche Informationen liegen dir bereits vor? Was weißt du schon und wie kannst du das nutzen? Was ist gegeben und was ist gesucht?
3. **Wähle die passende Formel oder Methode:** Hier greift die Idee der Rezepte besonders. Für bestimmte Arten von Aufgaben gibt es spezifische Formeln oder Methoden. Finde heraus, welche das sind, und wende sie an.
4. **Setze die Werte ein und rechne:** Jetzt geht es ans Eingemachte. Setz die bekannten Größen in die Formel ein und rechne die Lösung aus.
5. **Überprüfe das Ergebnis:** Nach dem Rechnen ist vor dem Überprüfen. Stell sicher, dass deine Lösung Sinn ergibt und den Anforderungen der Aufgabe entspricht.

Diese Art von strukturiertem Vorgehen hilft mir, nicht nur Aufgaben zu lösen, sondern auch die Prinzipien dahinter zu verstehen. Wenn ich dann auf ähnliche Aufgaben in Tests oder Prüfungen stoße, kann ich auf mein erprobtes Rezept zurückgreifen und die Aufgabe Schritt für Schritt angehen. Es macht das scheinbar Unbekannte greifbar und gibt mir das Vertrauen, auch knifflige Matheaufgaben erfolgreich bewältigen zu können.

Das Ergebnis? Die Aufgaben in Tests und Prüfungen wurden plötzlich viel einfacher. Warum? Weil ich die Prinzipien verstanden und sie durch endloses Üben verinnerlicht hatte.
Ich zeige dir das mal anhand meines Rezepts für die Berechnung der Extrempunkte in der Kurvendiskussion, ein Thema, das jeder in der Oberstufe behandelt.

### Laras Rezept am Beispiel Kurvendiskussion

1. **Verstehe die Fragestellung**
   Angenommen, du möchtest den Hochpunkt einer Funktion finden. Der Hochpunkt ist der Punkt, an dem die erste Ableitung der Funktion gleich null ist.
2. **Identifiziere bekannte Größen**
   Wir haben eine Funktion f(x) und ihre Ableitung f'(x). Die Ableitung gibt uns Informationen über die Steigung der Funktion.
3. **Wähle die passende Formel oder Methode**
   In diesem Fall suchen wir nach den kritischen Punkten, an denen die Ableitung null ist. Also setzen wir f'(x)=0 und lösen nach x auf.
4. **Setz die Werte ein und rechne**
   Löse die Gleichung f'(x)=0 und finde die x-Werte der kritischen Punkte.
5. **Überprüfe das Ergebnis**
   Nachdem du die x-Werte der kritischen Punkte gefun-

den hast, setz sie in die ursprüngliche Funktion f(x) ein, um die y-Koordinaten zu berechnen.

6. **Interpretiere die Ergebnisse**
   Analysiere, ob es sich bei den gefundenen kritischen Punkten um Hochpunkte, Tiefpunkte oder Sattelpunkte handelt. Das hängt von der Krümmung der Funktion ab, die du durch die zweite Ableitung f''(x) beurteilen kannst.

Ich habe mir ganz genau gemerkt, was mein Rezept für die Berechnung der Hochpunkte ist. Erste Ableitung gleich null setzen, x-Werte finden und diese in die ursprüngliche Funktion setzen. Dann habe ich diese Anleitung immer und immer wieder geübt. Im Abitur wusste ich ganz genau, was ich machen musste, als nach dem Hochpunkt gefragt wurde.

Diese systematische Vorgehensweise, bei der du Rezepte wie das Setzen der Ableitung gleich null anwendest, erleichtert die Kurvendiskussion und gibt dir klare Schritte, um wichtige Punkte auf der Funktion zu identifizieren.

Es gibt keinen Weg daran vorbei: ÜBEN, ÜBEN, ÜBEN!

## *Natural born scientist:* Bio, Chemie, Physik

Ich hatte mal einen Freund, der sich in der gängigen Situation wiederfand, sich nicht ausreichend für eine anstehende Biologieklausur vorbereitet zu haben. Nennen wir ihn Ben. In der Nacht vor dem Prüfungstag, geprägt von wachsender Panik, fragte mich Ben in einer Sprachnachricht nach Last-Minute-Ratschlägen.

Anstatt der üblichen Empfehlung, sich möglichst viele Fakten im Eilverfahren einzuprägen, überlegte ich, ob es nicht sinnvoll wäre, viel über das Thema kreuz und quer zu lesen, *um es zu verstehen*. Meine Anweisung für ihn lautete: »Ben, vergiss jetzt das reine Auswendiglernen. Befasse dich eingehend mit dem Konzept selbst! Was genau ist das Thema? Welche Probleme gibt es und wie kann man sie lösen? Wann ist das Thema relevant?«

Ben befolgte diesen Ratschlag gewissenhaft. Die gesamte Nacht verbrachte er damit, tief in das Thema einzutauchen, es zu dekonstruieren und nach versteckten Zusammenhängen zu suchen. Begleitet von Aha-Momenten und befriedigenden Einsichten, wenn die Puzzleteile ineinandergriffen.

Und dann war sie da – die Biologieklausur. Ben war nicht nur mit isolierten Fakten bewaffnet, sondern mit einem umfassenden Verständnis des Themas. Das Resultat? Seine Klausur wandelte sich von einer potenziellen Misere zu einem Erfolg. Er konnte sein Wissen auf den konkreten Sachverhalt in der Klausur anwenden, weil er das Thema ja verstanden hatte.

Wenn wir über die besprochenen Lernmethoden nachdenken, würde ich bei Naturwissenschaften immer auf die Feynman-Technik (siehe Seite 120) setzen. Du musst das Thema verstehen! Und dann bei Chemie und Physik, wenn es um Rechenaufgaben geht wie bei Mathe, ganz viel üben. Es hilft sehr, mal den Lehrer zu spielen.

1. **Der Aha-Moment**
   Kennst du das Gefühl, wenn plötzlich ein Licht aufgeht und du den Stoff kapierst? Das ist der magische Aha-Moment, und den wollen wir hier öfter haben. Schnapp dir das Thema, mach es dir klar und deutlich – denn Verstehen ist hier der Schlüssel.
2. **Mathe in Bio und Chemie? *Yes, we can!***
   Bei Chemie und Physik gibt's manchmal so'n Mathe-Gedöns, also blöde Rechenaufgaben. Aber keine Sorge, Übung macht den Meister. Du erinnerst dich ja an das vorherige Kapitel zu Mathe.
3. **Mindmaps – dein Gehirn wird's lieben**
   Nutze Mindmaps, um Verbindungen zwischen den ganzen Fakten und Konzepten zu knüpfen. Das macht nicht nur Spaß, sondern verankert das Wissen auch viel besser. Kontext ist *key*.
4. **Realtalk mit den Naturwissenschaften**
   Jetzt wird's praktisch. Finde Beispiele in der echten Welt, verbinde die Formeln mit dem, was um dich herum passiert. Versuch mal, das Zeug in kleinen Experimenten zu sehen – Chemieexperiment in der Küche, *anyone*?
5. ***Teamwork makes the dream work*, oder?**
   Lerngruppen sind der Hammer! Schließ dich mit deinen Mitschülern zusammen. Wenn du jemand anderem ein Konzept erklären kannst, merkst du, ob du es verstanden hast oder nicht (Feynman-Technik).

## Geschichte, Politik, Wirtschaft, Geografie – Gesellschaftswissenschaften: *Yes, we can!*

Als ich meine Leistungskurse wählen musste, fiel meine Entscheidung auf Politik. Anfangs war ich mir unsicher bei der Wahl, aber schon bald stellte sich heraus, dass ich in den Klausuren der gesellschaftswissenschaftlichen Fächer so richtig aufblühte. Das Fach verlangt, Quellen zu durchforsten, sie mit eigenem Wissen zu verknüpfen und darüber zu diskutieren. Es ist wie ein intellektuelles Schachspiel, bei dem kritisches Denken und überzeugendes Argumentieren die Königsdisziplinen sind.

Mein bester Ratschlag: Tauche voll und ganz in das Thema ein. Egal, ob es um diverse wirtschaftliche Konzepte oder brandaktuelle politische Ereignisse geht. Lies viel, hör zu und hinterfrage ständig, was du darüber denkst. Diese aktive Auseinandersetzung mit dem Stoff ist nicht nur eine Vorbereitung auf Klausuren, sondern ein Weg, deine eigene Meinung zu formen und die Fähigkeit zu entwickeln, schlüssige Argumente souverän zu präsentieren. Hier entdeckst du nicht nur den Lehrplan, sondern deine eigene Überzeugungskraft.

Was dabei wichtig ist …

- ☐ **Verknüpfe historische Ereignisse**

  Stell Verbindungen zwischen verschiedenen historischen Ereignissen her. Betrachte Ursachen und Wirkungen, um ein umfassenderes Verständnis zu entwickeln.

- ☐ **Nutze multimediale Ressourcen**

  Schau dir Dokumentationen, Filme oder Podcasts zu historischen Ereignissen und politischen Themen an. Multimediale Inhalte können komplexe Konzepte auf anschauliche Weise erklären.

- ☐ **Lies aktuelle Nachrichten**

  Halte dich über aktuelle Ereignisse auf dem Laufenden, insbesondere in Politik und Wirtschaft. Es wird dir helfen, theoretische Konzepte in einen realen Kontext zu setzen.

- ☐ **Debattiere über aktuelle Themen**

  Diskutiere politische und wirtschaftliche Fragen mit Freunden oder in der Klasse. Das zwingt dich, verschiedene Perspektiven zu berücksichtigen, bringt dir neue Erkenntnisse und fördert das tiefere Verstehen.

- ☐ **Erstelle Zeitleisten und Mindmaps**

  Strukturiere historische Ereignisse, politische Systeme oder wirtschaftliche Entwicklungen in Zeitleisten oder Mindmaps. Das wird dir helfen, die Zusammenhänge zwischen Ursache und Wirkung zu verstehen.

- ☐ **Bilde dir eine Meinung**

  Entwickle deine eigene Meinung zu politischen und gesellschaftlichen Themen. Das kritische Denken fördert ein tieferes Verständnis.

- ☐ **Suche nach globalen Perspektiven**

  Betrachte Themen aus globaler Perspektive. Das ist besonders wichtig in den Gesellschaftswissenschaften, da viele Probleme und Entwicklungen weltweit miteinander verbunden sind.

- [ ] **Verbinde Theorie mit Praxis**

Finde praktische Beispiele für wirtschaftliche Theorien oder politische Konzepte. Das wird dein Verständnis vertiefen und alltagstauglich machen.

## Die besten Noten in Deutsch – so kriegst du es hin!

Im Deutschunterricht muss man viele Texte analysieren und verfassen. Auch hier gilt der Grundsatz des prüfungsnahen Lernens.

### Versuch, so viel wie möglich zu lesen und schreiben!

Ein solides Verständnis der Grundlagen ist essenziell. Daher ist es ratsam, viel zu lesen und zu schreiben, insbesondere für die Grammatik und Rechtschreibung. Du kannst versuchen, die Texttypen (Erörterung, Analysen etc.) zu Hause zu üben. Oder Beispiellösungen zu lesen. Das bildet die Grundlage für gute schriftliche Arbeiten. Nimm dir regelmäßig Zeit für Schreibübungen, sei es das Verfassen von Aufsätzen, Berichten oder Analysen. Aber auch schon Tagebucheinträge oder Briefe an Freunde sind gut! Praktische Übungen helfen, das Gelernte anzuwenden und zu vertiefen. Ich hab oft Texte mit meinen Freunden ausgetauscht und dann haben wir unsere Analysen gegenseitig korrigiert.

### Untersuche den Kontext und Bezüge im Text

Ein wichtiger Aspekt im Deutschunterricht ist der Kontext und die Intertextualität. Was heißt das? Dass du beim Lesen nach Bezügen zu anderen Werken oder historischen Ereignissen suchst. Was habt ihr alles im Unterricht behandelt? Welche Autoren hat dein Lehrer erwähnt? Schau dir in der Klausur dann an, wie der Autor intertextuelle Elemente einsetzt, um zusätzliche Bedeutungsschichten zu schaffen. In der Oberstufe musste ich zum Beispiel ein Naturgedicht von Goethe analysieren. Wie wichtig war die Natur für Goethe? Warum hat er darüber geschrieben? Hat das etwas mit der Epoche Sturm und Drang oder seiner Glaubensrichtung zu tun? Über was hat er sonst noch geschrieben? Sprich so etwas in der Klausur an! Das zeigt, dass du den Text wirklich verstehst.

### Analysiere das Hauptziel und die Absicht des Autors

Frag dich, warum der Text geschrieben wurde, und identifiziere die zentralen Themen oder Botschaften! Setz den Text in einen breiteren kulturellen, historischen oder gesellschaftlichen Kontext. Erkläre, wie dieser Kontext zur Interpretation des Textes beiträgt. Betrachte den Text also nicht isoliert, sondern in einem größeren Zusammenhang.

### Beteilige dich aktiv am Unterricht

Nicht zuletzt ermutige ich dich, dich auch aktiv an Klassen- und Gruppendiskussionen zu beteiligen. Das ist nicht nur super für die mündliche Note, sondern gibt dir einen besseren Einblick in verschiedene Perspektiven und Argumentationsstrukturen. Superwichtig für die Klausur!

## Seminararbeit *sucks*? So holst du die 15 Punkte in wissenschaftlichen Arbeiten!

An einigen Schulen muss man eine Seminararbeit schreiben. Falls du auch davon betroffen bist, ist dieses Kapitel für dich bestimmt!

Wissenschaftliche Arbeiten könnten wahrhaftig ein eigenes Buch füllen, doch hier sind ein paar knackige Tipps, wie ich es geschafft habe, in meiner Seminararbeit 15 Punkte zu ergattern.

An meiner Schule mussten wir in der 11. und 12. Klasse das Fach »Seminarkurs« belegen. Im Laufe der zwei Jahre der Oberstufenzeit sollten wir dann auch eine wissenschaftliche Arbeit, die sogenannte Seminararbeit, zu einem Unterthema anfertigen. Der Fachlehrer korrigierte diese anschließend.

Was ich auf jeden Fall zum Thema Seminararbeit weitergeben möchte, ist: Der Seminarkurs ist genauso bedeutend wie die abschließende Arbeit.

Engagiere dich, sei aktiv dabei! Die eigentliche Seminararbeit ist nur eine der Noten, aber den Kurs selbst musst du genauso ernst nehmen. Nutze ihn als wertvolle Ressource, um so viel wie möglich herauszuholen und tief in dein gewähltes Thema einzutauchen. Wenn der Kursleiter relevante Theorien oder wichtige Persönlichkeiten erwähnt, integriere sie am besten geschickt in deine Arbeit.

Der Prozess des wissenschaftlichen Arbeitens ist komplex und erfordert eine sorgfältige Herangehensweise. Hier ein paar Tipps, die mir halfen, in meiner Seminararbeit eine Spitzenbewertung zu erzielen.

### Wähle ein interessantes Thema

Entscheide dich für ein Thema, das dich persönlich interessiert. Dies wird nicht nur das Schreiben angenehmer machen, sondern auch deine Motivation steigern. Das Thema sollte relevant sein und einen aktuellen Bezug haben.

### Definiere eine klare Forschungsfrage

Formuliere eine klare Forschungsfrage oder These, die den Fokus deiner Arbeit bestimmt. Sie sollte spezifisch und anspruchsvoll sein.

### Organisiere deine Arbeit strukturiert

Strukturiere deine Arbeit klar und logisch. Verwende eine klare Einleitung, um den Leser einzuführen, gefolgt von Hauptteilen und einer prägnanten Schlussfolgerung. Am Anfang solltest du direkt erwähnen, warum das Thema relevant ist.

### Zitieren und Quellenangaben

Achte darauf, alle verwendeten Quellen korrekt zu zitieren. Verwende das entsprechende Zitierformat, das in deiner Seminararbeit gefordert wird.

### Diskussion und Analyse

Analysiere kritisch die gesammelten Daten und Informationen. Zeige mehr als bloße oberflächliche Informationen. Beweise, dass du in der Lage bist, tiefer zu gehen.

### Berücksichtige Gegenargumente

Achte darauf, Gegenargumente zu berücksichtigen und zu

widerlegen. Dies stärkt deine Argumentation und zeigt, dass du verschiedene Perspektiven in Betracht ziehst.

### Smartes Korrekturlesen

Geh die Arbeit mehrmals durch, aber hier kommt der Trick: Setz bei jedem Durchgang einen anderen Fokus. Einmal konzentrierst du dich auf das inhaltliche Verständnis, dann auf die Grammatik und anschließend auf die korrekte Rechtschreibung und Zeichensetzung. Du könntest zusätzlich auch einmal die Word-Rechtschreibprüfung drüberlaufen lassen, die einige (nicht alle!) Rechtschreibfehler automatisch entdeckt. Lass die Arbeit am besten einige Stunden oder sogar Tage ruhen, bevor du sie erneut unter die Lupe nimmst.

## Die passende Haltung

Hast du auch schon mal gesagt, dass du Mathe hasst? Vielleicht hast du das Gefühl, dass Zahlen und Formeln eine undurchdringliche Barriere bilden? Vielleicht bist du sicher, dass sich der Weg zu guten Noten in diesem Fach für dich als sehr steinig erweisen wird? Vielleicht bist du in anderen Fächern gut, aber dieses eine wirkt unbezwingbar? All das kenne ich nur zu gut. Doch lass dich nicht unterkriegen!

Es geht bei unserer Reise zu guten Noten nicht nur um Intelligenz oder Talent, sondern darum, wie du mit Herausforderungen umgehst.

Immer, wenn ich mit der Haltung, ich könne ein Fach eh nicht, rangegangen bin, habe ich mich gleich weniger angestrengt. Es würde doch sowieso nichts bringen! Das war wie eine Ausrede. Gute Schüler wissen aber, dass Rückschläge normal und keine Bestrafung sind. Im Gegenteil, sie sind eine Einladung, sich selbst zu verbessern. Eine Chance zum Wachsen.

Das gilt für jedes Fach!

Ich habe mich dann gerne gefragt: Warum mag ich dieses Fach nicht? Wie werde ich wieder neugierig? Welche eine Sache gibt es, und sei sie noch so winzig, die mir daran doch gefällt?

Das Mindset, dass du dich in allen Fächern ständig verbessern und etwas Interessantes lernen kannst, eröffnet dir ganz neue Horizonte des Verständnisses. Diese Gedanken treiben dich an, auch dann weiterzumachen, wenn es schwierig wird. Indem du fest daran glaubst, dass Mathe keine unüberwindbare Mauer ist, setzt du positive Energien frei, die deinen Lernprozess unterstützen.

Wenn du dich selbst herausforderst und an deine Fähigkeit zur stetigen Verbesserung glaubst, wird dein Hassfach zu einer Möglichkeit, deine Fähigkeiten zu zeigen. Mit einer positiven Einstellung kannst du auch in blöden Fächern gute Noten erzielen!

Teil VII

# Die Prüfung

## Das richtige Mindset während der Abiturprüfung

Endlich war er da – der Tag meiner Abiturprüfung. Die Vorfreude mischte sich mit Aufregung, aber es war eher eine positive Aufregung. Warum? Weil ich wusste, dass ich gut vorbereitet war. Die ganzen letzten zwei Jahre hatten mich an diesen Moment herangeführt. Alle Klausuren und Tests in der Oberstufe waren gute Vorbereitungen für diesen einen Tag.

Früher hatte ich oft negative Gefühle vor einer Klausur. Ich erinnere mich aber noch gut an einen Tag, an dem mir ein Freund (er ist ein Jahr älter als ich) sagte, er würde sich auf die Abiturprüfung freuen. Das fand ich erst einmal total unverständlich, aber mittlerweile kann ich es gut nachvollziehen. Eine Prüfung ist vor allem eine Chance. Eine Chance, endlich dein Wissen zu präsentieren und zu zeigen, was du kannst. Seitdem gab es auch in meinem Leben oft Momente, in denen ich mich total auf eine Klausur gefreut habe. Und wirklich: Die Abiturklausuren haben mir auch echt Spaß gemacht! Es war eine Herausforderung, so wie ein Spiel oder ein Rätsel.

**Ich konnte es kaum erwarten, endlich das Erlernte zu zeigen und meine Fähigkeiten unter Beweis zu stellen.**

Diese Prüfung war mehr oder weniger der Höhepunkt meiner schulischen Reise und ich fühlte mich bereit, sie zu meistern.

Anstatt von Angst getrieben zu sein, hatte ich einen positiven Blick auf die Herausforderung. Der Gedanke, all das Wissen, das ich mir angeeignet hatte, zu nutzen, um meine Antworten zu gestalten, war aufregend. Ja, ich freute mich tatsächlich auf die Prüfung! Und das kannst du auch.

In diesem Moment der Abiturprüfung ist es wichtig, den eigenen Blickwinkel zu ändern und das Ganze als eine große Möglichkeit zu sehen, das Erlernte zu präsentieren.
Der Gedanke daran, dass ich mich für diese Prüfung über die letzten Jahre hinweg vorbereitet hatte, gab mir enorme Zuversicht. Das eigene Mindset spielt eine entscheidende Rolle! Mir ging es darum, mir selbst zu sagen: »Ich bin bereit und ich werde mein Bestes geben.«
Nutze auch du die positive Aufregung, um dein Selbstvertrauen zu stärken. Du hast so viel erreicht, und jetzt ist die Zeit gekommen, all das Wissen und die Fertigkeiten zu zeigen, die du dir hart erarbeitet hast. Du bist bereit, diese Herausforderung anzunehmen und erfolgreich zu meistern? Wunderbar! Glaub an dich selbst und an dein Potenzial – du hast es verdient, erfolgreich zu sein!

**Ich versuche immer, meine Gefühle, die ich vielleicht erst als Angst deklariere, in positive Aufregung, Leichtigkeit und Vorfreude umzuwandeln. Das kannst du auch!**

## Der Abend vor der Abiturprüfung

Die Nacht vor dem großen Abiturtag ist entscheidend, um sicherzustellen, dass du bestens vorbereitet und entspannt bist. Ich war etwas nervös, weil ich nicht genau wusste, was ich machen sollte. Noch mal lernen? Entspannen? Mit Freunden darüber reden oder lieber nicht?

Ich habe herausgefunden, dass das eine ganz persönliche Entscheidung ist. Mein Lernplan war darauf ausgerichtet, den letzten Tag vor der Prüfung komplett frei zu haben. So konnte ich spontan entscheiden, was mir in dem Moment guttat.

Du kannst die letzte Gelegenheit nutzen, um dein Wissen zu festigen. Geh noch einmal durch deine Notizen, Zusammenfassungen oder Karteikarten, aber versuch, keine neuen Informationen mehr aufzunehmen. Sonst machst du dich viel zu verrückt! Der Fokus liegt darauf, das bereits Gelernte zu wiederholen, was dein Selbstvertrauen stärkt.

Entspannung war für mich der Schlüssel. Probiere Techniken wie Meditation, tiefe Atemübungen oder Yoga aus, um Stress abzubauen. Ich habe gerne mit Freunden telefoniert. Vorzugsweise Freunde, die nicht zur selben Zeit ihr Abitur machten, um meinem Kopf eine Pause von dem Stress zu geben.

Minimiere am besten Ablenkungen, indem du Handy oder soziale Medien meidest. Mich haben Social Media in der Zeit oft belastet. Wenn du siehst, wie viel andere noch lernen oder was sie an dem Tag machen, kann dich das ganz schön stressen.

Ein entscheidender Faktor für gute Performance ist ausreichender Schlaf, um sicherzustellen, dass dein Gehirn in Bestform ist. Versuch also, frühzeitig ins Bett zu gehen, um diese wichtige

Ressource zu nutzen. Bitte nicht die Nacht durchmachen, um noch mehr zu lernen!

Oh, und ganz wichtig! Stell sicher, dass du alle Materialien für die Prüfung bereithältst wie Ausweis, Stifte und Uhr, um den Stress am Morgen zu reduzieren.

Konzentriere dich vor dem Schlafengehen darauf, dich zu entspannen. Ein Buch lesen, beruhigende Musik hören und positive Gedanken pflegen, all das hat mir zum Beispiel geholfen.

Denk positiv und erinnere dich daran, dass du gut vorbereitet bist. Selbstvertrauen spielt eine entscheidende Rolle. Schließlich ist es wichtig, dass du ausgeruht und bereit für die Prüfung bist, um dein Bestes zu geben. Jeder hat unterschiedliche Bedürfnisse, also hör auf deinen Körper und Geist, um das zu finden, was für dich persönlich am besten funktioniert. Du schaffst das!

## Kleine Rituale, die das Abitur angenehm machen

Ich hatte meine eigenen kleinen witzigen Rituale vor der Prüfung, die bestimmt kein anderer versteht.

Es ist gut, deinen eigenen Weg zu gehen. Eventuell fragen dich deine Freunde, ob du noch am Tag davor mit ihnen den Stoff durchgehen willst. Wenn das für dich zu stressig ist, ist es total okay, abzusagen. Es geht nicht darum, welchen Weg andere gehen, sondern darum, welcher Weg für dich am besten funktioniert.

So bin ich zum Beispiel jeden Abend vor einer Prüfung, ohne Kopfhörer mit Musik oder Podcast, spazieren gegangen und habe mich an den Unterricht der letzten zwei Jahre erinnert. Welche schönen Momente wir zum Beispiel hatten, welche Vorträge ich gehalten habe, ich habe an Exkursionen und Gruppenarbeiten gedacht. Das hat mir oft ein gutes Gefühl gegeben.

Ich habe auch mit meinen Eltern über die Prüfung geredet und versucht, vorherzusagen, was thematisch abgefragt werden wird. Ganz witzig ist, dass ich tatsächlich richtig lag! Aber dazu später mehr im Kapitel »Es kommt immer anders, als man denkt« ab Seite 173.

Einige Minuten vor den schriftlichen Prüfungen habe ich – und ja, das sah vielleicht albern aus – eine Power-Pose gemacht. Also ich habe meine Hände in die Seiten gestützt und eine selbstsichere Haltung eingenommen. Das hat mir Kraft und Selbstbewusstsein gegeben. Vor der mündlichen Prüfung habe ich einen Motivationssong gehört. Da ich meine Prüfung auf Spanisch hatte, war es ein spanischer Song.

Wenn ich an die Tage meiner Abiturprüfungen zurückdenke, habe ich tatsächlich viele gute Gefühle. Ich erinnere mich an den entspannten Abend davor, den positiv aufregenden Morgen mit Musik, die Mut machenden Gespräche mit meinen Freunden kurz vor der Prüfung und das Gefühl, in der Prüfung alles zu geben und meine Skills unter Beweis zu stellen. Nach den Prüfungen habe ich mich dann mit meinen Freunden ausgetauscht und die gemeisterte Klausur gefeiert.
Ich denke wirklich gerne an meine Abiturzeit zurück. Denn auch wenn sie an einigen Stellen stressig und anspruchsvoll war, habe ich das Beste daraus gemacht. Und wenn du dieses Buch hier gelesen und die Tricks und Methoden angewendet hast, wirst du das auch! Da bin ich mir sicher.

## Es kommt immer anders, als man denkt

Soll ich dir etwas Lustiges erzählen? Ich liebe es, Dinge zu planen. Ich habe versucht, zu erraten, welche Themen im Abitur abgefragt werden würden. Ich lag auch richtig! Bei jedem einzelnen Fach! Tatsächlich kam dann aber doch alles anders ...
Lustigerweise verlief keine meiner Abiturprüfungen so, wie ich es erwartet hatte.

Beim Englischabitur durften wir zwischen zwei Quellen, einem fiktionalen und einem nicht fiktionalen, also einem sachlichen, Text wählen. Ich war Monate davor schon fest entschlossen, den sachlichen Text zu wählen. Ich hatte mir bereits genau überlegt, wie ich ihn analysieren würde, und es mehrfach zu Hause geübt.

Doch als ich die Prüfung aufschlug, fand ich überraschenderweise den fiktionalen Text viel ansprechender. Ich musste schnell handeln und konnte nicht lange zwischen den Optionen abwägen. Ich entschied mich spontan für den fiktionalen Text, den ich zuvor zwar nicht geübt hatte, aber meine Intuition sagte mir, es wäre das Richtige.

Bei der nächsten Aufgabe ging es weiter! In keiner Englischklausur zuvor hatten wir eine Rede schreiben müssen, aber eine der Wahlaufgaben der Abiturprüfung forderte genau das. Wir hatten das in keiner Klausur bisher geübt, doch die Möglichkeit, dass eine Rede drankam, war dennoch da. Das wusste ich und ich war deswegen total sicher, dass ich diese Aufgabe in der Prüfung nicht wählen und stattdessen lieber einen Kommentar schreiben würde. Doch in der Prüfungssituation sprudelten plötzlich Ideen aus mir heraus. Das gefragte Thema war genau meins! Die Rede floss geradezu mühelos, ich hatte eine gute Struktur und Argumentation und konnte sogar passende Zitate aus englischen Klassikern, die ich in meiner Freizeit gelesen hatte, einbauen.

Ich bekam für die Prüfung 15 Punkte und war froh, mutig gewesen zu sein.

Und dann kam die Politik-Abiturprüfung. Wir konnten auch hier wieder zwischen Aufgaben wählen, die wir bearbeiten wollten. Obwohl ich den Stoff aller vier Halbjahre gut vorbereitet hatte, war ich überzeugt, es sei das Beste, das Semesterthema »Internationale Politik« zu wählen. Angesichts der aktuellen politischen Lage rechnete ich mit bestimmten Fragen – und tatsächlich tauchte das erwartete Problem auch als erste Aufgabe in der Klausur auf. Das freute mich, weil ich wusste, dass ich gut vorbereitet war.

Doch dann kam die zweite Wahlaufgabe – ein Thema aus dem ersten Halbjahr über Demokratietheorien. Auf dieses Thema hatte ich mich *nicht* explizit vorbereitet – und auch die Streitfrage war kompliziert. Wir hatten sie nie zuvor im Unterricht behandelt und ich ahnte, dass bestimmt nicht viele Schüler diese Aufgabe wählen würden.

Aber hier ist das Ding: Der spezifische Sachverhalt war ein Thema, das ich zuvor außerhalb der Schule beim Wettbewerb »Jugend debattiert« diskutiert hatte. Ich hatte eine komplette Argumentation im Kopf und haderte mit mir, ob ich es nicht einfach mal probieren sollte, die zweite Aufgabe zu wählen, auch wenn ich das Thema nicht vorbereitet hatte und zum ersten Thema superviel wusste.

Mir war aber auch klar, dass ich mich durch eine Bearbeitung des zweiten Sachverhalts herausheben konnte. Also tat ich es und wagte mich an die komplizierte Aufgabe. Ich erzielte 15 Punkte. Mein Fachlehrer kam nach dem Abi noch mal zu mir und meinte, ich sei die Einzige aus dem gesamten Jahrgang gewesen, die diese Aufgabe gewählt hätte.

Es war richtig, mutig gewesen zu sein.

Die Moral der Geschichte: Mach dir nicht zu viel Stress! Am Ende kann alles anders kommen als erwartet. Du kannst dich nicht auf alles zu 100 Prozent vorbereiten, aber es wird immer einen Weg geben, die Prüfung zu bestehen.

Stress dich nicht zu sehr, wenn ein Thema auftaucht, mit dem du dich nicht im Detail beschäftigt hast.

Übrigens: Zu meinen Abiturprüfungen kann ich jede Menge erzählen. Ich habe sogar zwei komplette YouTube-Videos dazu gedreht, in denen ich genau erkläre, wie die Prüfungen abliefen. Wenn du dich also fragst, wie eine mündliche Prüfung strukturiert ist und was dort passiert oder wie man zwischen schriftlichen Aufgaben wählen kann, schau dir die Videos doch einfach mal an!

Video: Tipps zur mündlichen Abiturprüfung
https://youtu.be/XkbNV8pLDus

Video: Tipps zur schriftlichen Abiturprüfung
https://youtu.be/iH5IsQpVjxc

## Checkliste: Tag der Abiprüfung

### Morgens

- **Früh aufstehen:** Steh rechtzeitig auf, um ausreichend Zeit für eine ruhige Vorbereitung zu haben.
- **Gesund frühstücken:** Wähle ein ausgewogenes Frühstück. Dieses sollte am besten aus Vitaminen (Obst, Gemüse) und einer Eiweißquelle (zum Beispiel Quark) bestehen, damit es lange satt macht.
- **Kurze Entspannung:** Nimm dir kurz Zeit für eine Entspannungsübung oder Meditation, um dich zu beruhigen. Sag dir auch positive Affirmationen, wenn du willst, und erinnere dich daran, dass alles gut werden wird.

### Kleidung und Utensilien

- **Stifte:** Stell sicher, dass du ausreichend Stifte dabeihast (die funktionieren!!).
- **Uhr:** Trage eine Uhr, um die Zeit im Auge zu behalten.
- **Zusätzliche Schreibutensilien:** Pack zusätzliche Stifte, Bleistifte und andere Utensilien ein, falls etwas ausfallen sollte.
- **Taschenrechner:** Wenn er erlaubt ist, nimm deinen Taschenrechner mit.

### Pausenverpflegung

- **Wasserflasche:** Bring eine Wasserflasche mit, um gut hydriert zu bleiben.
- **Gesunde Snacks:** Pack gesunde Snacks wie Nüsse, Obst oder Energieriegel ein.

### Unterwegs zur Prüfung

- **Fahrkarte oder Fahrausweis:** Wenn du mit öffentlichen Verkehrsmitteln fährst, vergiss nicht deine Fahrkarte oder deinen Fahrausweis.
- **Notizen oder Zusammenfassungen:** Wenn du noch kurz etwas wiederholen möchtest, kannst du Notizen dabeihaben. Aber mach dich nicht morgens verrückt!

### In der Prüfung

- **Ruhig bleiben:** Bewahre Ruhe und versuch, dich nicht von anderen beeinflussen zu lassen.
- **Aufmerksam die Anweisungen lesen:** Nimm dir Zeit, die Anweisungen gründlich zu lesen, bevor du mit der Prüfung beginnst.
- **Zeitmanagement:** Plane deine Zeit gut, um alle Fragen angemessen zu beantworten.
- **Pausen nutzen:** Nutze Pausen, um kurz zu entspannen und dich zu sammeln.

### Nach der Prüfung

- **Belohnung:** Plane eine kleine Belohnung für dich selbst ein, um den Tag positiv abzuschließen.
- **Vorbereitung für die nächste Prüfung:** Falls weitere Prüfungen anstehen, überlege dir kurz, was du bis zur nächsten Prüfung tun kannst.

# Outro

Stell dir vor, es ist der Abend deines Abiballs. Das Ende deiner Schulzeit. Der Raum erstrahlt in festlichem Licht, durchdrungen von fröhlichem Lachen und den Beats der Musik. Gemeinsam mit deinen Freunden und deiner Familie feierst du diesen besonderen Moment.

Du denkst an die letzten zwei Jahre zurück. Du erinnerst dich an deinen ersten Tag in der Oberstufe, an die verzweifelten Stunden über dem Mathebuch und dann an die Abiprüfungen, die du mit Bravour gemeistert hast.

Mitten im Trubel entdeckst du deinen Study Buddy und deine Lerngruppe, euren gemeinsamen Erfolg feiernd. Mit einem Glas in der Hand stoßt ihr an auf bestandene Challenges und bleibende Freundschaften. Die schicken Kleider reflektieren nicht nur äußeren Glanz, sondern auch das innere Strahlen aller, die diesen Meilenstein erreicht haben.

Herzlichen Glückwunsch! Ein Toast auf deine Noten: Ergebnis von Fleiß, kluger Planung und guten Methoden!

Du denkst an alle Methoden aus diesem Buch. An die Busfahrten mit Karteikarten, die ganzen Fokus-Pokus-Stunden, gemeinsame Lernsessions und daran, dass du so dankbar bist, einfach angefangen zu haben, ohne auf die Motivation zu warten. Du erinnerst dich an die motivierenden Gespräche mit Lehrern, die kleinen Habits vor Prüfungen (die Gewohnheiten aus dem Kapitel »Kleine Rituale, die das Abitur angenehm machen«, siehe Seite 172) und klugen Entscheidungen, dich auf das Wichtige zu fokussieren.

Durch die Strategien in diesem Buch hast du nicht nur Fachwissen erworben, sondern auch lebenswichtige Fähigkeiten. Du weißt, dass kritisches Denken, Priorisierung und effektive Kommunikation der Schlüssel für schulische Erfolge sind.

Du erinnerst dich an die Momente, in denen du dachtest, du könntest nicht weitermachen, und dennoch hast du es geschafft. Diese Stärke trägst du jetzt in dir.

Schau zurück auf den Weg und sei stolz auf jeden Schritt. Diese Erinnerungen sind für immer deine Souvenirs, die dich an Lektionen und Erfolge erinnern.

Die Schule mag enden, aber das Lernen hört nie auf. Deine Bildung und die Methoden aus diesem Buch sind ein lebenslanger Begleiter, der dich durch alle Höhen und Tiefen führen wird.

Ich schreibe all das, weil das genau meine Erinnerung an meinen eigenen Abiball ist. Ich werde immer noch emotional, wenn ich daran zurückdenke. Meine Schulzeit fand genau so ihren Höhepunkt, mit Stolz auf die vielen Höhen und Tiefen, die ich durchlebt habe.

Besonders stolz bin ich darauf, niemals aufgegeben und mich stets bemüht zu haben, weiterzumachen, selbst wenn es Rückschläge gab.

Am Ende habe ich meine Traumnoten erreicht. Das Gefühl, die Ziellinie mit einem Lächeln zu überqueren, ist unvergleichlich. Es zeigt, dass jede Anstrengung, jedes Durchhalten und jeder Moment des Zweifels es wert waren. Daher ermutige ich dich, deine eigene Reise zu gestalten, stolz auf deine Erfolge zu sein und immer weiterzumachen, egal was kommt. Denn am Ende zählt nicht nur das Ziel, sondern auch der Weg dorthin.

Mit diesem Buch hältst du ein Werkzeug in den Händen, das dich bestens für deine eigenen Herausforderungen rüstet. Nutze es nicht nur als Lektüre, welche du mal gelesen hast und schnell wieder vergisst, sondern setz die Tipps und Strategien aktiv ein. Sei nicht entmutigt von Fehlern, sondern betrachte sie als Teil des Lernprozesses!

Jeder Fehler ist eine Gelegenheit, zu wachsen und sich zu verbessern.

Die Reise zu deinem Ziel, den Traumnoten, mag herausfordernd sein, aber die Belohnung am Ende wird jede Anstrengung wert sein. Du hast das Zeug dazu!

Wenn die Herausforderungen zu groß erscheinen, erinnere dich daran: Du hast das Wissen, die Fähigkeiten und die Ausdauer, um jede Hürde zu überwinden.

Wenn du denkst, dass niemand an dich glaubt, ich tu es.

Wenn ich dich jetzt sehen könnte, würde ich dir sagen: Ich wünsche dir ganz viel (Erfolg, Glück, Freude ...)! Aber vor allem wünsche ich dir, dass du stolz auf dich bist! Ich meine nicht nur flüchtige Euphorie, wenn dir jemand zu deinen guten Noten gratuliert. Ich meine eine wahre, tief empfundene Zufriedenheit über jeden kleinen Schritt in die richtige Richtung, eine Zufriedenheit, die sich auch in den ruhigen Momenten des Lebens offenbart.

Du bist immer gut genug.

# Anhang

## Meine Lern-Essentials

Diese Liste enthält alle Dinge, die mir in einer Lernsession helfen.

- ✓ **Notizbuch oder Journal:** zum Festhalten von wichtigen Informationen, Gedanken und Ideen während des Lernens.
- ✓ **Stifte und Marker in verschiedenen Farben:** zum Hervorheben von Schlüsselinformationen und zum Organisieren von Notizen.
- ✓ **Kleine Snacks:** Nüsse, Trockenfrüchte oder andere gesunde Snacks können die Konzentration aufrechterhalten.
- ✓ **Trinkflasche mit Wasser:** Eine ausreichende Flüssigkeitszufuhr ist wichtig für die Gehirnfunktion.
- ✓ **Kopfhörer:** um störende Geräusche zu minimieren und mich besser auf das Lernen zu konzentrieren.
- ✓ **Timer oder Wecker:** um mich in festgelegten Intervallen daran zu erinnern, Pausen einzulegen, und so die Produktivität zu steigern.
- ✓ **Post-its oder Haftnotizen:** zum Markieren von Seiten in Büchern, Erstellen von To-do-Listen oder für schnelle Notizen.
- ✓ **Motivierende Zitate oder Bilder:** Um sich inspiriert und fokussiert zu fühlen, können visuelle Anreize helfen.
- ✓ **Lernkarteikarten:** ideal für das Erstellen von Zusammenfassungen und zum Wiederholen von Schlüsselkonzepten.
- ✓ **Buchstützen oder ein Buchhalter:** um Bücher oder Unterlagen auf Augenhöhe zu halten und so die eigene Körperhaltung zu verbessern.

## Geschenkideen für Schüler

Und hier noch ein paar außergewöhnliche Geschenkideen für besseres Lernen in deinem Zuhause, vielleicht für Weihnachten oder Geburtstag?

- ✓ **Whiteboard oder Tafel:** für das Visualisieren von Konzepten, das Lösen von Problemen und das Erstellen von Diagrammen.
- ✓ **Pflanzen oder frische Blumen:** Grünpflanzen können die Luftqualität verbessern und eine angenehme Lernumgebung schaffen.
- ✓ **Multi-Steckdosenleiste:** damit alle elektronischen Geräte gleichzeitig aufgeladen werden können.
- ✓ **Komfortable Sitzkissen, neuer Schreibtisch oder ergonomischer Stuhl:** für eine angenehme Sitzposition während langer Lernphasen.
- ✓ **Digitaler Kalender oder Planer-App:** um den Überblick über Aufgaben und Fristen zu behalten.
- ✓ **Bücher oder Büchergutscheine:** Seien es Lehrbücher für die Schule oder andere Bücher, die du gerne lesen würdest.

Video: Wunschliste für Schüler
https://youtu.be/RGVUmie9AME

## Gedankenreise

Die folgende Gedankenreise, die sich auf die Simulation einer Prüfung konzentriert, kannst du nutzen, um Prüfungsangst zu reduzieren und Vertrauen in deine Fähigkeiten aufzubauen.
Finde einen gemütlichen Ort, setz dich entspannt hin. Lass uns eine Reise durch deine anstehende Prüfung machen.
Stell dir vor, du stehst vor dem Prüfungsraum, ein ganz normaler Tag, aber mit einem Hauch von Erwartung und Spannung in der Luft. Atme tief ein und aus, während du dich mental auf die Prüfung vorbereitest.
Schreite durch die Tür des Prüfungsraums und finde deinen Platz. Der Raum ist ruhig, du vernimmst nur das sanfte Summen der Lampen über dir. Genau so, wie du es kennst. Die Tische sind ordentlich angeordnet, und die Prüfungsunterlagen liegen vor dir. Du nimmst dir einen Moment Zeit, um den Raum zu erfassen, während du dich auf den Stuhl setzt.
Jetzt wird dir die Klausur ausgeteilt. Öffne die Prüfungsunterlagen und wirf einen Blick auf die Fragen. Sie sind klar und verständlich formuliert. Dein Herzschlag beruhigt sich, als du feststellst, dass du den größten Teil des Stoffs bereits gemeistert hast. Ein Gefühl der Sicherheit überkommt dich. Du beginnst, die Fragen mit ruhiger Hand zu beantworten, genau so, wie du es während deiner Vorbereitung getan hast. Auch wenn du einige Sachen nicht direkt weißt, bist du dir sicher, dass du während der Prüfung noch darauf kommen wirst, weil du dich ausreichend vorbereitet und ein umfassendes Verständnis erworben hast.
Die Zeit vergeht, aber du bleibst fokussiert. Jede Frage wird sorgfältig bearbeitet und du erinnerst dich an die Tipps und Tricks,

die dir während deiner Vorbereitung geholfen haben. Du siehst, wie dein Wissen auf das Papier fließt, und du fühlst dich in deinem Element.

Plötzlich hörst du die Ansage, dass die Prüfungszeit abgelaufen ist. Du schließt die Unterlagen mit einem Gefühl der Zufriedenheit und legst sie auf den Stapel. Du nimmst dir einen Moment, um tief durchzuatmen und dich zu entspannen. Die Anspannung weicht einem Gefühl der Erleichterung.

Du stehst auf und verlässt den Raum mit einer aufrechten Haltung. Du fühlst dich stolz auf deine Leistung. Die anderen Prüflinge sehen genauso erleichtert aus. Du spürst die Energie der Gemeinschaft, die die Herausforderung gemeinsam gemeistert hat.

Spürst du, wie dich das Gefühl von Selbstvertrauen und Zufriedenheit begleitet? Du bist bereit für die echte Prüfung und du weißt, dass du mit Ruhe und guter Vorbereitung jede Herausforderung meistern kannst.

# Apps

## Zum Lernen allgemein

*Quizlet* – Online-Karteikarten und Spiele, die dir das Lernen mit spielerischen Lerntools zu verschiedenen Themen erleichtern.

*Anki* – Die App zur Software Anki, einer quelloffenen Lernkartei-Software. Es erwarten dich vielfältige Einstellmöglichkeiten für das Einüben unterschiedlichster Inhalte!

*DUDEN Learnattack* – Online-Lernportal für Schüler (auch jüngere!). Erleichtert das Lernen mit Lernvideos, simulierten Klassenarbeiten, Übungen und KI-Tutor-Chat.

*Abiunity* – Plattform und Community für gemeinsames Lernen und Austauschen von Schülern untereinander auf ehrenamtlicher Basis.

*Sofatutor* – Für alle Schulfächer und Klassenstufen, zum Lernen mit Spaß und um die eigenen Noten zu verbessern.

## Zum Sprachenlernen

*Tandem* – Sprachlernapp, mit der man gemeinsam Sprachen lernt im Austausch mit Muttersprachlern. Zwei Personen mit unterschiedlichen Muttersprachen bringen sich gegenseitig jeweils die eigene Sprache bei.

*HelloTalk* – Eine weitere kostenlose Sprachlernapp. Dahinter verbirgt sich eine internationale Community, die Muttersprachler weltweit vernetzt.

*Duolingo* – Auch zum Erlernen von Sprachen. Super Kombi aus forschungsgestützten Lehrmethoden und unterhaltsamen Inhalten. Hier kriegst du kurze Lektionen, verdienst du Punkte, schaltest neue Levels frei und erweiterst fast nebenbei deine Sprachkenntnisse für die Kommunikation im echten Leben. Alles wird abgedeckt: Lesen, Schreiben, Hörverstehen und Sprechen!

*Memrise* – Sprachenlernen mit unzähligen Videos von echten Muttersprachlern und unterhaltsamen und lehrreichen Spielen. Damit verbesserst du deine Sprachfähigkeiten garantiert.

*Babbel* – Zum Sprachenlernen mit kurzen, ca. 15-minütigen Lektionen, für die man als Schüler immer zwischendurch Zeit findet. Neu dabei ist: Es gibt sogar Live-Unterricht!

## Bücher

Peter C. Brown et al.: *Das merk ich mir. Erfolgreich lernen und für immer behalten mit der Make-it-stick-Methode.* Goldmann Verlag, 2019.

James Clear: *Die 1%-Methode – Minimale Veränderung, maximale Wirkung.* Goldmann Verlag, 2020.

Richard Koch: *Das 80/20-Prinzip. Mehr Erfolg mit weniger Aufwand.* Campus Verlag, 2015.

Greg McKeown: *Essentialismus. Die konsequente Suche nach Weniger. Ein neuer Minimalismus erobert die Welt.* Unimedica, 2018.

Brian Tracey: *Eat that Frog: 21 Wege, wie Sie in weniger Zeit mehr erreichen.* Gabal Verlag, 2019.

## Lara online

Hier findest Du Lara auf YouTube, TikTok, Twitch & Instagram: **@laraemilyofficial**

# Über die Autorin

Lara Lekutat wurde 2005 geboren. Von einer faulen, allenfalls durchschnittlichen Schülerin entwickelte sie sich durch eigene Anstrengung und die Anwendung zahlreicher Lern- und Motivationsmethoden zur jahrgangsbesten Schülerin und schloss ihr Abitur mit einem Notendurchschnitt von 0,8 ab. Jetzt studiert sie Jura in Berlin. Nebenbei vermittelt sie ihren über 200 000 Followern in den sozialen Medien und ihrem Podcast ihre praktischen Schultipps und verhilft so Generationen von Schülern zu mehr Erfolg im Unterricht und einem perfekten Abschlusszeugnis.